la verdad sobre la **PORNO GRAFIA**

JEBA

GABRIEL BUSTOS

CONFEDERACIÓN EVANGÉLICA BAUTISTA

MESA DIRECTIVA:
Presidente: Esteban Szachlaj
Vicepresidente: Cristian Kehler
Tesorera: Judith Lunardelli
Vocales: Diego Domínguez, Paula Alfaro, Santiago Rezinovsky, Marcelo Ezcurra, Ezequiel D'Emilio, Priscila Benigno

Director: Gabriel Bustos
Secretaria: Daniela Poita

© **2018 Gabriel Bustos**
Ninguna parte de esta publicación puede ser reproducida en ninguna forma sin el permiso por escrito del autor. Comunicarse con: info@cedrodellibano.com.ar

Las citas bíblcas marcadas NVI fueron tomadas de la Santa Biblia, Nueva Versión Internacional, a menos que se indique lo contrario. ©Sociedad Bíblica Internacional.

Los textos bíblicos marcados con (RVR1960) han sido tomados de la Reina Valera © 1960. Sociedades Bíblicas en América Latina © renovado 1988 Sociedades Bíblicas Unidas. Utilizado con permiso.

El texto bíblico indicado con NTV ha sido tomado de la Santa Biblia, Nueva Traducción Viviente, © Tyndale House Foundation, 2010. Usado con permiso de Tyndale House Publishers, Inc., Carol Stream, IL 60188, Estados Unidos de América. Todos los derechos reservados.

Reina Valera Contemporánea (RVC) © Sociedades Bíblicas Unidas, 2009, 2011

La Palabra, (versión española) © 2010 Texto y Edición, Sociedad Bíblica de España (BLP)

Editorial Cedro del Líbano
Edición: Emmanuel Susbiela
Corrección: Ruth Culzoni

Bustos, Gabriel
La verdad sobre la pornografía / Gabriel Bustos. - 1a ed .
La Plata : Emmanuel Osmar Susbiela, 2018.
180 p. ; 22 x 15 cm.

ISBN 978-987-778-253-0
1. Pornografía. 2. Jóvenes. 3. Educación Cristiana. I. Título.
   CDD 248.46

EDICIÓN DE LIBROS EN **PEQUEÑA CANTIDAD**

🌐 www.cedrodellibano.com.ar
✉ ventas@cedrodellibano.com.ar

Arte de tapa e interior:
DCV Emmanuel Susbiela / Cedro del Líbano
Impreso en Argentina
Printed in Argentina

AGRADECIMIENTOS

Quiero agradecer especialmente a algunas personas que colaboraron en la preparación de este material.

Gracias *Cristian Kehler* por estar siempre dispuesto a leer, comentar y colaborar con el libro. Gracias, "ameo"
Gracias *Pablo Repetto*, de alguna manera sos el responsable de esto.
Gracias *Cyntia Golluscio* por todos los aportes y por "Jesús, fuente de satisfacción".
Gracias *Beto Slachta* máximo proveedor de notas, libros, estadísticas, páginas...

Gracias a *Lu*, mi amada esposa, incondicional.
Gracias a mis hijos, *Nicole y Sebi*, ¡por esperarme!

Gracias **Jesús**, mi razón, mi motivo.

Gabriel Bustos, Director

la verdad sobre la

PORNO GRAFIA

ÍNDICE

la verdad sobre la

PORNOGRAFIA

PRÓLOGO

Cómo olvidar ese congreso que marcó a tantos jóvenes... Mendoza 1995. Ese fue mi segundo congreso juvenil, recuerdo que fui medio de prepo, pero una de las cosas que más recuerdo fue cuando en la plaza principal hicimos ese acto que marcaría la vida de cientos de jóvenes: era la declaración y el lanzamiento del programa *El verdadero amor espera*.

Fue algo único, ya que era un tema del que no se hablaba en las iglesias. Pero en ese momento nos hablaban de cuidarnos hasta el matrimonio, de no mantener relaciones sexuales... ¡del amor para toda la vida!

JEBA se había propuesto discipular una nación. Siempre declaró palabras de desafío para la juventud; muchas de ellas no se concretaron en el momento, como se soñaba, pero con el correr del tiempo se fueron cumpliendo y esta era una de ellas.

Luego llegaron algunas charlas y capacitaciones a las iglesias; sin embargo, con el correr del tiempo los equipos de trabajo de JEBA se fueron disolviendo, y el programa que había llegado a tener tanto éxito se esfumó...

Una tarde, trabajando en la oficina de JEBA y revisando archivos, encontré detrás de unos biblioratos la carpeta que contenía unas hojas amarillas, viejas, escritas con máquina de escribir. Una fuerte convicción dentro de mí dijo: "Este programa habría que reescribirlo y empezar a darlo a los jóvenes nuevamente", ya que al recorrer nuestro país veíamos cómo éstos eran cada vez más atacados por temas relacionados a las relaciones sexuales, la masturbación compulsiva, la pornografía, etcétera.

Corría el año 2012, estábamos por realizar la Convención Nacional de Líderes en Santa Rosa (La Pampa) cuando hablé con Gabriel Bustos (en ese tiempo era vocal de la Mesa Directiva de JEBA), para que él tomara la posta y comenzara a preparar nuevamente el programa.

La necesidad de los chicos se hacía cada vez más latente. Estábamos frente a una pandemia, que no solo ataca a la sociedad sino, y en especial, a la iglesia, y se entrelaza desde el adolescente más novato hasta el líder o pastor con más años en la congregación. Nadie está exento de este virus social, como nos enseñaba hace unos años Josh McDowell con el material de *A tan solo un clic de distancia*.

Gabriel reescribió completamente lo que teníamos armado y así renació **evae** (El verdadero amor espera). Con estos nuevos talleres empezó a recorrer cada rincón del país, a hacer encuestas, a leer y archivar muchos testimonios de jóvenes, de líderes, de pastores, que estaban pasando por esta situación. Sobre todo pudo acercarse y extender una mano para decirles que no estaban solos.

Gabriel muchas veces fue y es criticado por su manera de exponer, frontal, sin pelos en la lengua, las cosas como son. Sin embargo, creo que es la única manera de poder atacar a este virus que se enquista en el seno de la iglesia: llevando luz donde el enemigo solo quiere traer muerte.

Producto de lo que fue viviendo en cada lugar donde brindó los talleres de **evae**, se hizo palpable la necesidad de abordar de manera específica la temática de la pornografía. Así surgió este material.

Gabriel es un instrumento en las manos de Dios para combatir la pornografía en todo el continente, ya que él nos habla desde su propia experiencia en el ámbito de la santidad sexual, de las innumerables charlas con jóvenes, adolescentes, líderes y pastores, y del tiempo dedicado a estudiar esta temática.

Honro y bendigo la vida de Gabriel por su esmero, proyección e incansable trabajo, ¡su vida me bendice!

El estudio que realizó para poder hacer este libro va a ayudar y marcar a una generación que está pidiendo a gritos que la pornografía se batalle en sus iglesias.

Cada parte del libro hace un engranaje perfecto que lleva a pensar, reflexionar, sanar, y buscar ayuda. Pero también es una herramienta para aquel líder o pastor que ignora el tema por pensar *"esto no pasa en mi iglesia"*. ¡Nadie está exento!

Gabriel, ¡lo mejor está por venir!

Pastor Pablo Repetto (ex Director JEBA)

la verdad sobre la

PORNOGRAFIA

¿QUIÉN DIJO QUE ESTÁ MAL?

¿Por qué no voy a ver porno? ¿Cuál es la ley, regla o principio moral que me lo impide?

¿Quién dice que está mal? ¿Quién es la autoridad?

Si me gusta, si quiero, si lo necesito... ¿por qué estaría mal? ¿Cómo puede ser malo algo que me hace sentir bien, que disfruto? Yo soy la ley, la autoridad, *yo soy la medida de todas las cosas.*[1] Yo decido si está bien o mal en función de mi parecer, gustos, o preferencias.

Si nos detenemos por un instante, y reflexionamos en lo anterior, quizás podamos comenzar a desentrañar el complejo tiempo en el que vivimos.

El consumo de pornografía entre cristianos evangélicos no es un problema a futuro, es una realidad *hoy*. Lamentablemente sigue siendo un tema que genera mucha incomodidad entre nosotros; no obstante no solo debemos evitar cerrar los ojos, sino que también debemos dar pasos concretos para restaurar parte del cuerpo de Cristo que se ve sensiblemente afectado por este problema. Entendemos que forma parte de un plan absolutamente diabólico que busca obstruir/aplazar/truncar los planes de Dios para el mundo a través de su iglesia.

---

1 *"El hombre es la medida de todas las cosas, de las que son en cuanto son, de las que no son en cuanto no son"* (Protágoras).

Queremos dar pasos concretos, hablar del tema, ofrecer un camino hacia la restauración. Creemos firmemente que vivir en pureza no es una utopía; creemos que no solo es posible, sino también imprescindible.

El elevadísimo consumo de pornografía que se experimenta en este tiempo obedece a cuestiones que exceden al mero deseo sexual. Ese es solo uno de los síntomas visibles de un tiempo signado por la ausencia de un pensamiento rector/ordenador de aquello que está bien o está mal. Para decirlo de forma sencilla: lo que impera es realmente el libertinaje. Y esto lo decimos a riesgo de parecer pacatos, exagerados, retrógrados, etcétera. No obstante, basta con ir a la definición de ese término para comprobar que es, quizás, el que más se ajuste a la realidad.

Libertinaje: Actitud irrespetuosa de la ley, la ética o la moral de quien abusa de su propia libertad con menoscabo de la de los demás. Desenfreno en el modo de obrar o de hablar.

Cada quien establece para sí los parámetros rectores de su propia vida, y ¡ay de quien se atreva a cuestionarlo! Todo es puesto en duda, máxime cuando no se ajusta a las preferencias propias. Nada logra ser sostenido como un valor incuestionable, de manera tal que si un hombre de cincuenta y dos años un día despierta y se siente/percibe a sí mismo como una niña de seis años, ¡está bien! Está en su derecho... ¿Quién puede negárselo?

La posibilidad a la que nos enfrentamos hoy de poder elegir, casi sin cuestionamientos, aquello que se acomode mejor a nuestros gustos y preferencias, y el hecho de que las elecciones personales sean siempre válidas porque están fundadas en la propia "verdad", transforman *ipso facto* al cristianismo, no solo en algo anacrónico/retrógrado, sino también inaceptable al proponerse justamente como un faro que guía la humanidad. Nunca más fuera de lugar que en este tiempo las palabras de Jesús: "Yo soy el camino, la verdad y la vida. Nadie llega al Padre sino por mí".

Hoy sería algo así como "todos los ríos llevan al mismo mar"... Y eso de la "verdad..." *Tu verdad* será...

La muerte de los grandes relatos,[2] esa referencia creadora de reglas implícitas que regulaban el comportamiento y orientaban el funcionamiento de la sociedad, terminó por detonar cualquier intento de establecer principios ordenadores en la sociedad. Si la autoridad de la palabra de Dios es relativizada aun por algunos cristianos, cuánto más por quienes aún no conocieron al Señor.

Caemos así en la era del *relativismo absoluto*. Todo es relativo. No existe la verdad; lo que sí existen son verdades individuales, relativas,

---

2 Jean-François Lyotard.

convenientes y maleables. Verdades líquidas (siguiendo el juego de Zygmunt Bauman).

Sumado a lo anterior, hay una multiplicidad de factores que forman parte del caldo de cultivo donde se gesta la realidad que nos toca vivir.

Hay toda una suerte de cuestionamiento a las instituciones, obviamente muchas de ellas hicieron bastante para obtener este "gran privilegio". Esto deriva no solo en la puesta en duda de los postulados de instituciones –como la Iglesia–, sino también en una oposición acérrima a ellas; casi podríamos decir que, en algunos casos, cobran cierto matiz beligerante, como una especie de militancia contra todo lo relacionado con Dios y la iglesia (para seguir con el ejemplo).

Por otro lado, frente a la ausencia de una causa mayor a la propia satisfacción, nos encontramos con sujetos ensimismados, egoístas, que no invierten esfuerzo, ni dinero, ni tiempo en nada que no les reporte placer inmediato. Anclados en el aquí y ahora, sumergidos en el mar de sus deseos, prisioneros de sus propios caprichos, incapaces de postergar la gratificación, se transforman en reyes poco tolerantes a la frustración. No conciben un "no" como respuesta.

> Ansiosos, demandantes, eternos lactantes, grandes niños que creen que el mundo es una extensión de su cuerpo. Adolescentes de treinta y cuatro años, insaciables, inconstantes, cambiantes. Son formados en un *laissez faire* social, que busca desvincular a los individuos de todo lo institucional, para encadenarlos a su deseo de gratificación.

Aquellos que nacieron después de la década de los '80 son el resultado, la expresión clara y contundente de una sociedad que se resiste a crecer, que está enfocada en sí misma y que no acepta ninguna ley que limite/cerque sus antojos. El único compromiso que se admite es aquel que representa la obtención de placer, de hecho el compromiso y la sujeción a cualquier ley/norma es entendida como una pérdida de libertad y autonomía. Creen que la libertad es la ausencia de límites, que los deseos son derechos adquiridos; desprecian la responsabilidad y se desentienden de las consecuencias. Adoran la inmediatez y buscan desesperadamente la gratificación.

Para sumar ingredientes a este coctel explosivo, no podemos soslayar una de las claves del fanatismo porno de este tiempo. Vivimos en una sociedad erotizada. La excusa de la libertad sexual produjo una invasión de mensajes con esta impronta. La única ley que impera es la de la *no represión*.

Lo erótico es visto como algo intrínsecamente bueno, se recurre a este elemento para incrementar las ventas; representa un plus, un diferencial a la hora de obtener beneficios. Lo erótico, lo sensual, atraviesa la cotidianeidad, desde la música que escuchamos hasta la misma moda. Las conversaciones del día a día en los distintos ámbitos de relaciones también tienen la marca de lo sensual, del doble sentido y muchas veces hasta de lo obsceno. Sin existir necesidad alguna, el mundo del cine, las series y las telenovelas exhiben, ya no de forma solapada y sugerente la intimidad, sino de forma explícita. Aun los programas de entretenimiento hacen uso del recurso sensual/erótico. ¿Y los diarios?, ¿las revistas?, ¿la radio?, ¿la publicidad? Pareciera ser que la fórmula del éxito debe incluir sexo, lo erótico es ya un objeto de consumo. Para aquellos que somos padres de niños chiquitos y que queremos cuidarlos, debemos estar muy atentos no solo al contenido de las pantallas, sino incluso a todo lo que pudieran ver o escuchar nuestros hijos en los distintos espacios donde se relacionan. Por supuesto que nuestra propuesta no sugiere la exclusión y el aislamiento, entendemos perfectamente que nuestro rol es ser justamente *sal y luz;* no obstante, debemos entender que ciertos contenidos no pueden ser procesados por la mente en desarrollo de un niño, hay cosas que ellos no deberían ver ni escuchar. Si bien estamos absolutamente de acuerdo con la educación sexual, eso no significa exponer a niños a materiales que, lejos de traer claridad, suman confusión.

En síntesis, en una sociedad cuyos individuos no fueron entrenados para enfrentar, tolerar y superar la frustración, en la que no existe una autoridad que establezca el límite de aquello que está bien o mal, y que está absolutamente erotizada, es donde se gesta el *contexto* ideal para hacer florecer al mundo porno.

la verdad sobre la

PORNO
GRAFIA

EL OSCURO MUNDO *PORNO*

La mayoría de las definiciones concuerdan en que la pornografía es todo material que presenta actos sexuales explícitos y que tiene como objetivo generar excitación sexual en el consumidor. La palabra clave aquí es "explícito".

A diferencia de los materiales eróticos, o las escenas de "alto voltaje" en el cine o en las series, donde lo expuesto es ficticio, en la pornografía (salvo en la pornografía Hentai) la relación sexual es real; actuada en su mayoría, pero real.

El término "pornografía" deriva de dos palabras griegas: por un lado *pórnē,* que significa "prostituta"; y por otro lado *gráphein,* que significa "escribir, trazar, ilustrar, describir". De manera tal que la pornografía vendría a ser algo así como la descripción de la prostitución.

La pornografía puede apelar tanto al estímulo visual, como al auditivo. Los soportes y plataformas a través de los que se plasma este tipo de contenido son variados (literatura, escultura, fotografía, animé, cine, teléfono, Internet, etcétera).

También son variados los tipos de pornografía. Hay para cada segmento del mercado, para todos los gustos. Desde la pornografía tradicional (heterosexual) hasta con muertos. Pornografía animé (Hentai), con animales, homosexual/lésbica, orgías, así también aquella que plantea situaciones de dominación, (relaciones de poder asimétricas, con violencia como BDSM, Bondage, dominación, sadismo, masoquismo). Tanto se naturalizó su consumo que no solamente son actores quienes la protagonizan sino que también asistimos al tiempo en que se popularizó la pornografía "casera" o *amateur*.

Llegamos a un punto en que los límites son solo teóricos, ya que el mundo real parece no tenerlos; la pornografía infantil es muestra de ello.

Si todo lo anterior no te sorprende, tenés que saber que también existe la llamada Pornografía Cristiana, sí... leíste bien.

La mayor parte de la pornografía se produce pensando en el público masculino; esto se relaciona con el hecho de que, por lo general, los hombres suelen excitarse más a partir de los estímulos visuales.

De nuestra investigación:

La pornografía debería ser más igualitaria para hombres y mujeres, ya que la actual solo apunta a un mercado de hombres heterosexuales en su mayoría. Dejaría de verla solo porque como mujer no soy su objetivo de cliente y me siento inferior cada vez que la veo, cuando no debería.

–Mujer anónima

En el *porno*, la visión que prima es la del hombre y sus fantasías. La relación sexual en estos materiales es generalmente hablada, la mujer es extremadamente "expresiva".

Allí no hay historia, no hay argumento, y si lo hay es simplemente introductorio y breve. La cámara filma casi en su totalidad el acto sexual, sin cortes, sin interrupciones, donde el espectador es quien tiene el foco. Se muestran los primeros planos de los genitales y rostros, todo pensado para maximizar el placer del habido hombre.

DUELE, PERO ES REAL

Nos encontramos hoy frente a, quizás, la mayor adicción del mundo. A diferencia de otras adicciones, esta no cuenta con una sanción social generalizada. En otras palabras, si bien no se promueve a nivel general el consumo de pornografía, tampoco existe una condena taxativa al consumo.

Los números asustan, la realidad es más dura de lo que la gente supone *a priori*. Para tomar solamente un caso (el de la página más grande del mundo de este tipo) solo en 2016 se vieron 4600 millones de horas de *porno;* es tanta la gente que consume este veneno que resulta realmente imposible de medir. Según nuestra investigación en Latinoamérica:

CONSUMO DE PORNOGRAFÍA

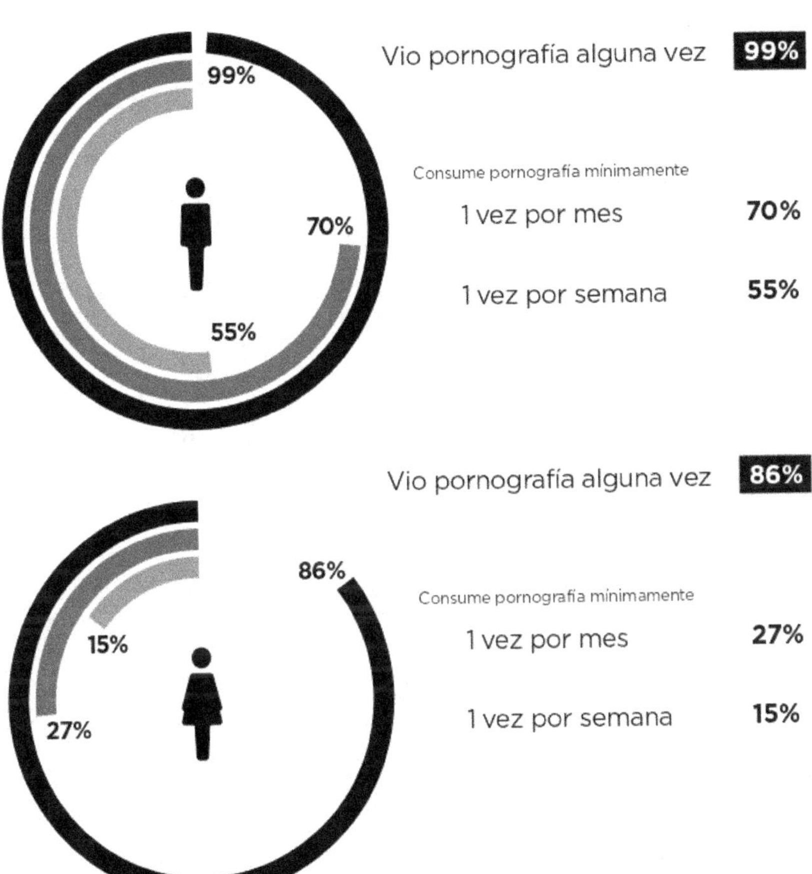

(Los encuestados son cristianos evangélicos. JEBA 2017/2018)

La edad promedio en la que las personas son expuestas por primera vez a contenidos pornográficos es diez años.

Tal vez pienses que esto es un tema que no afecta a la iglesia; lamentablemente la hermosa novia de Cristo está manchada, herida. No obstante, creemos que las cosas pueden cambiar, y para ello trabajamos. Por eso debemos abrir nuestros ojos y no negarnos a lo evidente.

HOY

Las cosas cambiaron, hay preguntas que resultan obsoletas, casi sin sentido.

"¿Viste porno? ¿Hey, por qué viste pornografía? ¿Qué te pasó?", esas preguntas atrasan. La pregunta hoy es la siguiente: "¿Qué... no me digas que nunca viste porno...?".

Antes existía una mediación entre el deseo de ver pornografía y el hecho concreto, es decir, entre las ganas y el consumo.[1] Esta mediación se daba básicamente por el hecho de que debían darse una serie de circunstancias favorables. Por ejemplo: si se veía a través de un casete VHS o DVD (que generalmente estaba en un lugar central de la casa) había que esperar a que no hubiera nadie, o todos estuvieran durmiendo (lo mismo sucedía con las películas por cable).

Imaginate la siguiente situación: te surge un fuerte deseo de ver *porno*, entonces decidís ir un lugar donde se alquilan películas (sí, leíste bien... antes ibas a un lugar llamado videoclub y alquilabas por veinticuatro horas la película que querías ver). Aquí pasas el primer obstáculo, salir de tu comodidad e ir hacia el videoclub. Una vez dentro, y para disimular lo evidente, alquilás tres películas (con la esperanza de que el buen hombre del mostrador no note tu desesperación).

1. *Bañeros locos*
2. *Terminator*
3. *Conejitas salvajes 4, la venganza continúa*

Llegas al mostrador, y allí debés sortear el segundo inconveniente: la vergüenza que representa hacer evidente a otro que vas a ver *porno*.

Como sabrás, en este momento el viejo truco de: "No es para mí, es para un amigo...", simplemente, no aplica.

Una vez que llegás –muy sudado– a tu casa, tenés que ser muy paciente y esperar a que se alineen los planetas y se abra la tan ansiada posibilidad de ver porno... es decir, que no haya nadie en casa, o que estén durmiendo.

En este momento puedo imaginar la cara de un milennials/centennials leyendo, incrédulo, lo anterior. Me imagino la frase que aparece en su mente: "Y... ¡que se encierre en su habitación y vea *porno* ahí!". Pero no, querido *sub 25*, en esos tiempos no habían cuatro TV LED, cinco *smartphone*, tres *tablets* y dos *notebooks* por casa, no... si eras afortunado tu casa tenía dos televisores y una computadora, y la posibilidad de ver *porno* estaba circunscripta a la TV central, donde estaba conectado un aparato que se llamaba video casetera o DVD (a algunos se les cayó un lagrimón).

Realmente se necesitaba valentía para afrontar el riesgo concreto de ser encontrado *in franganti* (o con las manos en la masa...).

---

1 La excepción a esto está representada en aquellos que contaban con la posibilidad de acceder de forma directa por cierta singularidad.

Esta barrera/impedimento/obstáculo entre tu deseo de ver *porno* y el consumo, esta mediación (que consistía fundamentalmente en tiempo de espera y ausencia de espacio propio) distanciaba al deseo del consumo, daba la oportunidad al arrepentimiento, a poder repensar, e incluso a la distracción con otras actividades que terminaban por postergar el consumo y en muchos casos te llevaban a desistir (por lo menos por un tiempo más prolongado).

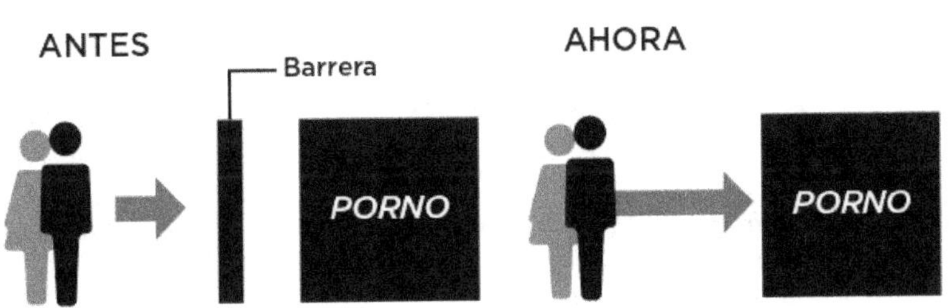

En esos años, la persona era la que buscaba pornografía. Consumir implicaba esfuerzo y la generación de una serie de circunstancias favorables. Hoy no solo son las personas las que buscan *porno,* sino que también, es el mismo mundo *porno* quien busca a las personas.

La industria busca ampliar su mercado de manera constante, generar nuevos clientes y fidelizar a los que ya posee. El nuevo *target* son los niños, los adolescentes ya son clientes fieles, los jóvenes no se quedan atrás; muchos adultos conocieron el mundo *porno* ya siendo mayores y ahora no se pueden despegar, incluso personas ya mayores de edad la consumen.

A partir del año 2000 con la popularización del Internet, comenzó a producirse un aumento en el consumo de pornografía. La posibilidad de ver estos materiales *online* disparó el consumo a niveles nunca antes vistos. Se abrió así la posibilidad de ver pornografía con otros dispositivos (PC, *notebooks*). El consumo ya no estaba acotado a las antiguas plataformas (películas por cable, VHS/DVD, revistas, etcétera); apareció una nueva boca de expendio para este veneno que buscaba masificarse. Esto representó un boom para la industria *porno,* ya que no solo se sumaban otros dispositivos, sino también esta nueva plataforma permitía ver nuevos materiales de manera casi ilimitada y de forma gratuita.

Algunos años después apareció en escena un jugador clave, el aliado número uno para la industria porno: el *smartphone*[2] (Pornhub

---

2 Muchos padres descansaban en la ilusión de protección *porno* que obtenían con la ubicación de la PC en algún sitio visible de la casa y con la colocación de claves y filtros. No obstante, la apabullante realidad volvió totalmente obsoletos esos intentos de protección. La mayoría del consumo se efectúa a través de los teléfonos inteligentes.

informa en 2017 que más de la mitad de sus visitas se realizaron a través de él).

Ahora bien, la verdadera y más grande explosión del consumo de pornografía sucedió cuando pudo generarse de manera masiva el acceso a dos elementos fundamentales:

- Conexión a Internet (móvil -3G/4G- y hogareña)
- Dispositivos electrónicos portátiles, sobre todo los *smartphones*

Si bien es cierto que el acceso a Internet se produjo hace más de veinte años, también es cierto que en Argentina solo en estos últimos años dejó de ser un lujo para transformarse en un servicio básico. Al mismo tiempo, el hecho de poseer una *tablet* o una *notebook* ya no resulta tan privativo como en otro tiempo; y, por supuesto, disponer de un *smartphone* es una verdadera necesidad en este contexto de hiperconexión.

GRATIFICACIÓN DONDE Y CUANDO QUIERA

Algunos factores son cruciales para entender las razones de esta expansión.
- Facilidad de acceso
- Acceso inmediato (sin mediación, sin tiempo de espera)
- Consumo transportable
- Anonimato
- Gratuidad
- Naturalización/ aceptación/ promoción

Facilidad de acceso

La facilidad de acceso es, sin duda, uno de los factores fundamentales de la extensión de esta infección. Hoy en día las puertas de acceso al mundo *porno* son múltiples. *Tablets, notebooks, smartphones* (todo ello transportable) por un lado, y PCs y SmartTVs, consolas de videojuegos por otro; todo ello hace que la posibilidad de que una persona llegue a los treinta años sin ver pornografía resulte improbable...

Si bien es cierto que no todas las familias cuentan con las posibilidades económicas de acceder a toda esta serie de dispositivos tecnológicos –y que por otro lado no todas las casas cuentan con conexión a Internet–, también estamos en condiciones de decir que la absoluta gran mayoría de los jóvenes y adolescentes *sí* tienen un smartphone; y aunque no tengan en sus hogares conexión a Internet, el material *porno* de alguna manera les llega.

El consumo de pornografía de este tiempo es, o bien, *online*, o a través de algún material bajado de Internet (ya sea, un video compartido por *whatsapp*, bajado de alguna página web, etcétera).

Ver pornografía es fácil, difícil es no consumir; ver porno es más fácil que comprar un caramelo (literalmente). El ataque es masivo, se da en múltiples frentes, desde la propuesta de un *banner* que invita a *ver más*, hasta la aparición de una imagen invasiva en la descarga de alguna *app*. Al mismo tiempo, en los espacios de relación (escuela, facultad, trabajo) la circulación de material *porno* es diaria, es normal...

Y qué decir de los videos que se viralizan por *whatsapp*... muchos de los cuales están "camuflados", "insertados", en videos que comienzan de forma inocente pero al final terminan en pornografía.

- -

A modo personal

En el contexto de una de las elecciones de nuestro país, mandé (Gabriel) un video de Cristina de Kirchner al grupo de *whatsapp* de JEBA, y al instante una persona de la Mesa Directiva subió otro video, pero de San Filipo, ¿te acordas de "Garrote, garrote, garrote"? Al principio, el video era simple propaganda política, pero a los pocos segundos nos encontramos todos viendo un breve video porno... por supuesto, la persona que lo mandó no tenía ni idea del final del video (de hecho solo vio el principio y lo reenvió).

Esto, lejos de ser un mero dato anecdótico, es absolutamente serio. Representa una de las estrategias para lograr que aquellos que esquivan con cierta eficacia este tipo de contenidos terminen consumiéndolo aunque sea de forma involuntaria.

Acceso inmediato

Asistimos, hace ya unos años, a la definitiva desaparición de la mediación. Ya no hay obstáculo, ningún impedimento, nada que frene las ganas de ver pornografía. Si se tiene un celular inteligente, más Wi Fi o 3G-4G, se accede de forma inmediata a cualquier contenido.

Este es un punto crucial, el acceso *inmediato*. Nada se interpone entre el deseo y el consumo, frente al fuerte impulso sexual que clama por satisfacción, la misma realidad en la que vivimos allana el camino.

¿Querés ver? Acá tenés...

El único freno/traba/impedimento es la propia voluntad, la conciencia que lucha contra un contexto extraerotizado y un deseo intrínsecamente humano (Gálatas 5:19-21, Efesios 2:3, Romanos 7:5).

En esta nueva realidad, donde la espera se resume a un *touch* (porque ya no estamos a un clic de distancia), consumir *porno* forma parte de la cotidianeidad del común de los adolescentes y jóvenes.

Nos encontramos así frente a un coctel realmente explosivo:

DESEO + PRESIÓN/ESTÍMULO OMNIPRESENTE Y CONSTANTE + DISPOSITIVO DISPONIBLE = PORNOGRAFÍA

Consumo transportable

El hecho de que en otros años el consumo de pornografía estaba limitado a un lugar específico, limitaba los periodos de consumo a momentos puntuales. Con el advenimiento de las nuevas tecnologías esa barrera espacial, simplemente desapareció. Frente al deseo de consumir *porno*, el límite (nuevamente) es la conciencia. La posibilidad de transportar el dispositivo al lugar del consumo privado, (habitación, baño, etcétera) transforma a la pornografía en un mal muy difícil de erradicar; incluso durante el mismo momento del trabajo se consume *porno*, la persona puede levantarse de su lugar e ir al baño, tomarse cinco minutos y consumir.

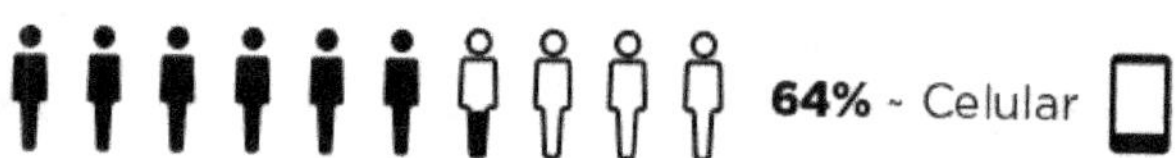

El 64% de los que consumen, lo hacen a través de su celular.[3]

Anonimato

La mayoría de las adicciones tienen efectos visibles en las personas. La pornografía no deja huellas fácilmente reconocibles. Oscar Tokumura en su libro *La pornografía online. Una nueva adicción* dice:

Cualquier otra adicción suele ser visible: alcohol, drogas, comida, etcétera. La aparente privacidad del acceso por la red y el pago virtual hace que se pueda mantener oculta esta adicción y propicia llevar una doble vida por tiempo indefinido.

---

3 Los encuestados son cristianos evangélicos. JEBA 2017/2018.

El dispositivo de consumo, al ser transportable, garantiza el anonimato. No hay peligro. Elijo "mi momento, mi lugar", sin riesgos, sin vergüenza. Es un contenido al que puede accederse sin necesidad de registración o compra personal en un espacio físico, sin evidencia/registro/historial, sin dejar huellas digitales (puede navegarse en modo "incógnito"). El consumo es anónimo y así queda asegurada la privacidad.

Gratis

A diferencia de la compra de DVD, VHS o revistas (o alquiler de DVD/VHS), la pornografía *online* es gratis, por lo menos gran parte de lo que se ofrece. De esta manera la barrera económica también desaparece.

Natural - aceptable

El proceso de naturalización del consumo de pornografía, que se ha ido afianzando socialmente, terminó por sacar a la pornografía del terreno de lo prohibido. La sanción moral que ejercía la sociedad se esfumó para dar paso a la idea de la pornografía como algo natural-normal y hasta saludable. El avance porno es tal, que se está evaluando seriamente la posibilidad de incluir pornografía en las escuelas como parte del material de educación sexual integral.

Frases de nuestra investigación

Es genial para el desarrollo mental, a los que son inexpertos en el ámbito de las relaciones sexuales los ayuda a tener un mayor desempeño a la hora de las mismas. La pornografía no es dañina para nadie.

Simplemente es necesaria para la vida.

Medio de entretenimiento donde se expresa que el sexo está en todos los sitios, todos los lugares, y a toda hora.

Como todo en la red, es beneficiosa para quienes desean divertirse sanamente.

Es buena, ya que satisfacerse sexualmente a uno mismo es bueno y relajante; además de que se puede hacer a una corta edad.
En cambio, el coito no se puede dar a tan corta edad y no se puede hacer a cualquier hora del día, ni cuando uno quiere.

¡¡Ay de los que a lo malo dicen bueno, y a lo bueno malo; que hacen de la luz tinieblas, y de las tinieblas luz; que ponen lo amargo por dulce, y lo dulce por amargo!
–Isaías 5:20 RVR 1960

Estas son solo algunas de las frases (textuales) que nos dejaron las personas que respondieron a nuestra encuesta; son las opiniones de aquellos que aún no son cristianos.

Todo este proceso de naturalización, aceptación y promoción de la pornografía se afianza en la cotidianeidad. El día a día de muchas personas no solo está erotizado, está "pornificado". Ver pornografía cobra el status de necesidad: *"Simplemente es necesaria para la vida"*.

Y entonces el video *porno* compartido desde las redes sociales (*whatsapp* a la cabeza) se convierte en un chiste, en un momento ameno, en un tema de conversación más, en algo que no debe ser reprimido, casi como tomar unos mates...

La naturalización de lo pornográfico afectó también al cine y al mundo de las series. Las escenas de sexo de otro tiempo tenían sobre todo un matiz romántico, donde lo explícito era sobre todo la previa, el comienzo. Hoy las escenas tienen otro carácter, más apuntado a lo pasional; lo romántico es desplazado por lo estrictamente libidinoso, casi un simple intercambio de necesidades. De alguna manera la impronta *porno* imprimió su sello en el cine y las series.

Resulta muy difícil escapar de este contexto. En la vida real de un adolescente o joven, la pornografía es un tema casi natural.

Absolutamente sitiados, los jóvenes y adolescentes tienen que tomar diariamente la decisión de no consumir. No luchan solo en su soledad, la pelea se da en varios frentes. Por ejemplo, en las relaciones que tienen con personas que ven este tipo de material (compañeros de estudio, amigos, compañeros de trabajo, etcétera). Esas personas muchas veces ejercen una profunda influencia sobre ellos y no siempre se cuenta con el deseo de resistir. La situación se vuelve aún más compleja, ya que aquellos que deciden no contaminarse (Daniel 1:8) son excluídos, criticados y menospreciados.

HECHA PARA ATRAPARTE

Es importante tener en cuenta que esta arma fue diseñada para aniquilar, para secuestrar tu voluntad y entregarte a tus más oscuros deseos. La materia prima, la fuente de inspiración, el sustrato desde el cual se elabora este producto se encuentra en las fantasías sexuales de los hombres.[4] Dicho de otra manera: la pornografía es la manifestación más clara y contundente de las fantasías del hombre, producida con el material inagotable de lo deseado.

Por supuesto que existe una relación de retroalimentación entre la fantasía y la pornografía, la última se alimenta de la primera y viceversa. Esto genera un espiral ascendente hacia lugares cada vez más oscuros, más perversos. Allí radica su fortaleza, y nuestra debilidad. Apela una necesidad básica con una propuesta exagerada, distorsionada y degenerada.

La atracción hacia lo sexual tiene que ver con nuestra humanidad, con lo que somos; no obstante, este tipo de materiales proporciona, imprime, produce, un nivel de excitación desmedido que atrapa a la persona en un mar de sensaciones muy difíciles de gestionar/controlar.

Magnética, hipnotizante, cautivante, es una buena forma de caracterizar a la pornografía. Un buen ejercicio para este momento es que recuerdes todas las sensaciones que experimentaste, por ejemplo, cuando estabas con tu *celu* y te llegó un video que sabías que era *porno*. Lo podríamos describir de manera generalizada así:

> **La pornografía es la manifestación más clara y contundente de las fantasías del hombre, producida con el material inagotable de lo deseado.**

Sentís un fuertísimo deseo de abrir el video, tu corazón se acelera, comenzás a experimentar en forma creciente una gran excitación. Tu mente comienza a generar toda una serie de argumentos que te habilitan a consumir. Te sentís realmente cautivado, una atracción inevitable, magnética. En esos momentos parece que sos otra persona, todas tus convicciones se derrumban como una torre de naipes, se establece una lucha mental entre tus ganas de agradar a Dios y tu impulso por satisfacerte, (y qué ganas te dan de que pierda Dios...). Parece que tus pensamientos y voluntad son secuestrados y no tenés la intención de pagar el rescate.

La sensación que experimentan aquellos que sufren cierto grado de adicción, es que es "irresistible".

Una probadita, un flash, tan solo un instante basta para que se active todo el sistema y te desequilibres absolutamente. Es más, la sola idea de pensar en el tema produce toda una serie de alteraciones en tu estado de ánimo que empujan hacia el consumo.

---

4 La absoluta gran mayoría de la pornografía está diseñada para satisfacer al hombre, habida cuenta de que es justamente el público masculino el mayor consumidor. No obstante, existe actualmente un creciente aumento en el consumo por parte del público femenino.

Cuando comenzás el tratamiento, los primeros días son cruciales; sobre todo para erradicar esa sensación de que la pornografía es irresistible. Las primeras victorias ayudan a fortalecer la autoestima de la persona, y a socavar la imagen de **monstruo invencible** que porta la pornografía.

MALAS COMPAÑÍAS

La pornografía es totalmente democrática, abraza a todos por igual: pastores, ovejas, líderes de jóvenes, ministros de alabanza, empleados, amas de casa, estudiantes, empresarios, hombres y mujeres, grandes y chicos, cultos e incultos.

Podemos categorizar, *grosso modo*, dos tipos/razones por las cuales una persona se vuelve adicta:

- La primera es aquella persona para la cual la pornografía representa solo la punta de iceberg. Es decir, el consumo de pornografía esconde un problema inmensamente mayor (temas no resueltos, heridas no sanadas, ausencia de confianza en Dios, entre otros).
- Por otro lado, está aquel que debe su adicción no tanto (aunque siempre existe algo detrás) a un "gran problema" de base, como en el caso anterior, sino que en cierta ocasión (ocasiones) se encontró con ese material y quedó atrapado en ese mundo de alta gratificación instantánea.

Una de las razones que explica esta transversalidad, esta adicción que afecta a tantas personas, es justamente que se ofrece como solución a todo lo que se encuentra detrás del síntoma, la salida a todo lo que está por debajo de la parte visible del iceberg.

La pornografía viene a representar la posibilidad de estar con alguien, a mitigar la soledad, el dolor y la frustración. Es el alivio frente a la presión sexual. Genera la ilusión de una relación, se ofrece como un reemplazo a una relación real, y está disponible en todo tiempo, sin esperas, sin esfuerzo ni sinsabores. Hace sentir al hombre potente, viril y deseado, el protagonista de los actos más heroicos; alimenta de manera efímera su dañada autoestima, susurrándole dulcemente esas palabras que anhela desesperadamente escuchar.

La pornografía ofrece:
- Satisfacción sin relación.
- Satisfacción sin riesgo.
- Satisfacción sin compromiso.

¿Querés pasarla bien, querés placer sexual? ¡Llamá ya! O da el clic ya, o... ¡*Touch* ya! ¿Para qué arriesgarse a una relación real?

Aparenta ser una simple satisfacción merecida, inofensiva... No muestra lo que en realidad es: la entrada a un mundo de perversión, la llave al desastre, la peor de las compañías.

EL NEGOCIO

Si bien no existen cifras exactas, es bien sabido que la pornografía representa un negocio multimillonario, algunos consideran que se encuentra entre las seis industrias (drogas, prostitución, armamento, petróleo, banca) que más dinero mueven en el mundo. No obstante, también es cierto que la gran oferta de pornografía *online* gratuita, la piratería y la creciente producción de pornografía *amateur* (no profesional) limitan, en cierta medida, el crecimiento de este negocio.

La industria *porno* se encuentra en un proceso de innovación constante, obligada por la misma dinámica de la adicción. Para superar el efecto de tolerancia se deben introducir novedades de forma permanentemente, y esas novedades tienden a encaminarse a lugares cada vez más retorcidos y siniestros. La pornografía *online* tiene una diferencia sustancial respecto a su antecesora (revistas, DVD, VHS, cable) no solo por su ubicuidad, sino también por su capacidad de sobreestimular al cerebro como nunca antes, por la posibilidad de brindar nuevos materiales a *solo un touch de distancia* y la oferta de géneros a pedir de las propias fantasías.

El consumo se ajusta a cada necesidad... se puede adelantar, volver hacia atrás, cambiar, repetir, pausar, etcétera. No es algo rígido, preestablecido, que simplemente se consume como viene.

Sumado a todo esto debemos tener en cuenta que así como existe el marketing personalizado, también existe la pornografía personalizada. Con cada huella que dejamos en la arena virtual, se va definiendo un perfil de usuario que será satisfecho con productos a su medida.

SOMOS LO QUE COMEMOS

La llegada que tiene la pornografía en este tiempo la transforma en una fuente constante de formación para millones de personas; este veneno está educando al mundo, resignificando, trastocando, tiñendo el concepto de relación sexual.

Por supuesto que el efecto que la pornografía produce en un adulto y en un adolescente no es el mismo. La idea acerca de la relación sexual que tiene un adulto *hoy* está medianamente afianzada y no es tan maleable/modificable como la que tiene un adolescente de doce años en plena formación. Por otro lado, los adultos de este tiempo no recibieron en su adolescencia la influencia que están hoy recibiendo los jóvenes y adolescentes. Justamente en este punto se arraiga el mayor peligro: gran parte de las personas que hoy (año 2018) tienen entre doce y veinticinco años están siendo formadas/educadas en relación a este tema por la escuela *porno*. Si la tendencia no se revierte, en treinta años más del 95% de la población mundial tendrá una concepción de la sexualidad, del amor, de las relaciones sexuales, totalmente condicionada por la perspectiva *porno*.

81% - Internet

En Argentina, el 81% de la personas consume pornografía por Internet, 93% de los hombres y 71% de las mujeres (los encuestados son mayores de 18 años).

Hombres **93%**   **71%** Mujeres

Entre los años 2014 a 2016 crecieron en un 45% las búsquedas de *porno* por Internet.[5]

En el caso de los hombres, la pornografía establece un reordenamiento en la escala de prioridades. La necesidad de sexo pasa a ubicarse en el primer lugar, es la necesidad a satisfacer N°1, pasa a ser lo impostergable, necesidad que no debe ser ni soslayada, ni negada.

---

5 Observatorio de Internet en Argentina.

El sexo tiene un carácter instrumental, pragmático. Es en sí mismo una herramienta, un recurso que sirve a los efectos de alcanzar placer (o disminuir el dolor, negar la frustración, etcétera). Su objetivo se reduce a la satisfacción de la lujuria.

La pornografía no prevé, en su esencia, la conexión a ninguna situación afectiva/emocional; está desprovista de todo tipo de romanticismo.

No hay espacio para nada que no esté relacionado con el placer propio. La dulzura, el cariño, el respeto, el compañerismo, resultan decididamente incompatibles con ella. La pornografía y el amor son mutuamente excluyentes, polos opuestos, antagónicos.

Para la pornografía el otro es simplemente un instrumento, una cosa. Su relación con "esa cosa" se da a través del sexo, la única conexión es el pacto sexual, sin el cual la relación se reduce a la nada misma. No existe ningún otro vínculo. Así mismo la naturaleza de ese vínculo se caracteriza por ser libidinoso/lujurioso, físico, fisiológico, mecánico...

Lo sexual se encuentra desvinculado de lo real, de la vida. Lo expuesto es pura genitalidad. La persona importa solo en tanto portador de ciertos atributos físicos y con el fin de usarlos para la propia satisfacción. A veces es solo un fragmento del cuerpo con el que se produce el vínculo; aunque el cuerpo en su totalidad fuera utilizado para el goce personal, no deja de ser solo una fracción de la humanidad con la que se establece una relación meramente pragmática/instrumental.

Sexo desvinculado
Sexo descomprometido
Sexo despersonalizado
Sexo accesible en todo momento

Por supuesto que el componente pasional en la intimidad sexual es real y saludable; si bien la fogosidad existe, la representación *porno* de esta es llevada al ridículo, casi a una caricatura.

En el caso de la persona que ve pornografía heterosexual, se termina imprimiendo en su mente la imagen de una mujer que disfruta de prácticas sexuales que no representan al común de las mujeres.

Allí muestran mujeres que disfrutan siendo dominadas, sometidas a las demandas de los hombres, tratadas con dureza y siempre predispuestas y dóciles... Mujeres fácilmente excitables, totalmente disponibles, completamente complacientes y quienes nunca se niegan; que acceden en cualquier momento y situación, de cualquier manera (aunque ello implique prácticas denigrantes). Mujeres que solo desean ser penetradas, tratadas como cosas al servicio de las fantasías de los hombres.

Ver estos materiales jamás es neutral, siempre trae efectos aparejados. Esa imagen cosificada de la mujer que es aprendida durante las horas de exposición a estos contenidos, repercuten inevitablemente en comportamientos específicos. Esa imagen distorsionada de la intimidad sexual se traduce en prácticas que son vividas por muchas mujeres como humillantes. Lo que sucede en la intimidad se percibe como la utilización de su propio cuerpo como un simple instrumento de placer para el hombre. Incluso, producto de esta escuela que distorsiona el regalo divino del sexo, muchas mujeres experimentan prácticas que les causan dolor físico (además del emocional).

UN MUNDO PERFECTO

La oferta *porno* es, sin lugar a dudas, muy tentadora. Frente a la realidad de muchos matrimonios, la promesa *porno* no tiene competencia.

Como vimos anteriormente, lo fantaseado se ve plasmado allí. Todo aquello que quisiera ver/practicar es provisto por la industria *porno*, sin esfuerzo, sin perder tiempo, asequible en todo momento y gratis. Todo (o casi todo) en ese mundo es grande, sexy, voluptuoso, "hermoso". En la dimensión *porno* no existe ni la celulitis, ni la pancita (las mujeres son seleccionadas en función de un prototipo de mujer determinado).

Ese mundo fue hecho para vos, no te rechaza. Nunca hay cansancio, no existe el dolor de cabeza, el estrés, el mal humor, los dolores y ardores. No te critica, no te recuerda tus errores y faltas, no le importa si te bañás, si tenés mal aliento o si estás gordo. Mujeres perfectas, dispuestas, fácilmente estimulables. Las mujeres *porno* siempre tienen orgasmos, múltiples orgasmos, siempre gozan, siempre quieren más, siempre están listas... Cualquier momento es propicio para un encuentro sexual, no necesitas abrazar, no necesitas besar, no necesitas trabajar.

No necesitas amar.

Es un eterno sí, un sí a todo, y nunca un no... Solo requiere de vos tan solo unos pocos minutos y un dispositivo electrónico. Sin condiciones, sin compromiso, sin esfuerzo, sin trabajo previo...

Sin embargo, todo lo que pretende ser un mundo perfecto no deja de ser tan solo una farsa, una eterna promesa incumplida.

Promete placer ilimitado, pero este solo se alcanza durante el consumo; luego te abraza la frustración nuevamente.

Promete compañía, pero al finalizar la reproducción te sentís más solo que antes.

Promete llenar tus vacíos, brindarte descanso y alivio, pero solo te llena de culpa, tristeza y dolor.

La sensación de bienestar es realmente efímera, dura lo que dura el video. Luego, solo quedas vos y las heridas que intentaste negar y esconder.

La pornografía es mentira, es fantasía, es irreal. Es una representación deformada y distorsionada de la intimidad sexual. Un circo diabólico creado para atraparte y destruirte.

En el plan divino el sexo es el resultado del amor, la dulzura, el romanticismo; en la pornografía es producto de la lujuria.

En el plan divino se promueve la santidad; en la pornografía la promiscuidad.

En el plan divino la mujer es honrada y respetada; en la pornografía es degradada, cosificada.

En el plan divino la relación sexual es integral: alma, cuerpo y espíritu. En la pornografía solo importa el cuerpo.

LA RAÍZ Y LA ENTRADA

A pesar de haber conocido a Dios, no lo glorificaron como a Dios ni le dieron gracias, sino que se extraviaron en sus inútiles razonamientos, y se les oscureció su insensato corazón. Aunque afirmaban ser sabios, se volvieron necios y cambiaron la gloria del Dios inmortal por imágenes que eran réplicas del hombre mortal, de las aves, de los cuadrúpedos y de los reptiles.

Por eso Dios los entregó a los malos deseos de sus corazones, que conducen a la impureza sexual, de modo que degradaron sus cuerpos los unos con los otros. Cambiaron la verdad de Dios por la mentira, adorando y sirviendo a los seres creados antes que al Creador, quien es bendito por siempre. Amén.
–Romanos 1.21-25 NVI

La esencia del pecado es independizarse de Dios, el fracaso en ser dependiente de él. Los adictos sexuales no pasan de ser sanos a insanos por causa de una enfermedad denominada adicción. Ellos se niegan a aferrarse a Dios como única persona que puede satisfacer sus anhelos más profundos. Este rechazo de aferrarse a Dios como única persona que puede satisfacer sus anhelos más profundos y aliviar su dolor relacional no se originó en una familia mal constituida, sino en su vergonzoso y engañoso corazón.
–Schaumburg, H. en *La adicción sexual*

DESENMARAÑANDO

En el capítulo anterior hicimos una rápida referencia a las razones por las cuales una persona se vuelve adicta a la pornografía. Hablamos de una razón, diríamos, "accidental" donde la adicción se debe a que la persona, en el encuentro con este material, recibió una satisfacción/excitación tan grande que no pudo ni quiso abandonar; no existía en principio una situación previa que amerite la compulsión hacia el consumo. No obstante, y como veremos a continuación, *toda* adicción esconde una profunda necesidad de Dios como razón principal.

En este sentido podemos decir que, en definitiva, *todo* consumo de pornografía encubre un problema mayor. Así como la fiebre en el enfermo es el síntoma/signo de otra cosa (en este caso, de una enfermedad), las adicciones son signos, indicios que dan cuenta, señalan hacia el verdadero *quid* de la cuestión. En otras palabras, la adicción a la pornografía es solo *la punta del iceberg*.

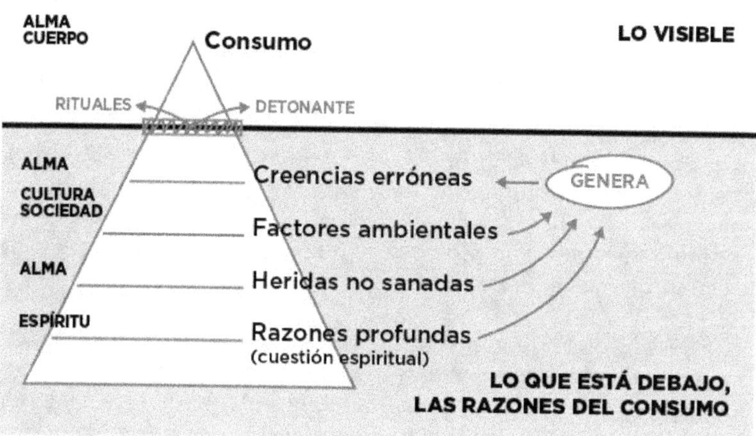

En el gráfico podemos ver tres partes: la primera es el nivel de las conductas, lo visible, el consumo. Este nivel está por encima de la superficie, es lo que vemos.

Debajo de la superficie tenemos la parte "invisible", las razones del consumo.

-Cuestiones de carácter espiritual (*las razones profundas del consumo*)
Necesidad profunda de Dios (insatisfacción espiritual), desconfianza en Él y pecado.

-Heridas no sanadas
Heridas del alma, situaciones no resueltas.

-Contexto
Factores ambientales.

-Creencias erróneas
Determinadas por: Las cuestiones de carácter espiritual, las heridas no sanadas y el contexto.

Por último, entre las razones de consumo y el consumo se encuentran los *detonantes* y los *rituales*.

La raíz, el *quid* de la cuestión *(las razones profundas del consumo)*

¿Cuáles son las razones, los motivos profundos que llevan a las personas a sumergirse en el oscuro mundo porno? Trataremos de ver más allá del síntoma, (lo que está debajo de la parte visible del iceberg).

Todos aquellos que tenemos un jardín en nuestra casa sabemos que cuando hay maleza de nada sirve cortarla superficialmente, esta vuelve a crecer. Para terminar con la maleza hay que *arrancarla desde su raíz*.

La pornografía es esa maleza visible que tiene una profunda raíz clavada en la tierra de tu corazón.

Es fácil caer en la creencia de que este vicio se debe a un fuerte deseo por lo sexual, a lo atractivo/magnético de las imágenes/escenas exhibidas, al placer incontenible del orgasmo, a las innumerables tentaciones que enfrentamos a diario. Sin embargo, la adicción a la pornografía no se debe ni al deseo (inherentemente humano) de sexo, ni a lo tentador del contenido *porno*. Esta compulsión no encuentra su base/fuente/raíz en la lujuria, ni en lo físico/fisiológico, ni en las características propias de la pornografía.[1]

-Estoy excitado todo el tiempo
-Vivo rodeado de tentaciones
-La pornografía es extremadamente atrapante
-Mi esposa no me satisface
-Me siento solo
-Todo me sale mal
-Estoy atravesando un tiempo muy difícil

---

1 En líneas generales, ninguna adicción tiene que ver –en principio– con las características propias del elemento de consumo. Por supuesto que hay ciertas sustancias y actividades que son adictivas; no obstante, la adicción tiene que ver con cuestiones más profundas (necesidad de Dios, heridas del alma, creencias erróneas, contexto) que con el material pornográfico –para tomar nuestro caso–.

–Me encuentro saturado de responsabilidades, estoy estresado

–Tengo demasiado tiempo libre

–Soy una basura

Todas estas frases no dan cuenta de la raíz del problema, son *detonantes* del consumo.

El apetito sexual desenfrenado, evidencia otro tipo de apetito. De lo que en realidad tenemos hambre, es de Dios. Quien se refugia en el mundo *porno*, en definitiva busca desesperadamente a Dios.

La pornografía no solo te seduce a nivel físico, seduce tu alma necesitada. El legítimo deseo de ser amado puede ser la excusa perfecta para que esta alma necesitada, seca y apagada se vuelva totalmente vulnerable a los cantos de sirena de la pornografía.

La necesidad de Dios no puede ser saciada a nivel físico, el vacío no se llena con la efímera satisfacción sexual. Cuando buscamos a Dios en los lugares equivocados, el resultado que obtenemos es desilusión, frustración, angustia y esclavitud.

Este apetito físico/emocional, esta presión que se experimenta desde lo más profundo, y que lleva en muchos casos a la desesperación, habla a las claras de un estado interno de enorme insatisfacción y deseo de intimidad con Dios. Es una necesidad espiritual.

Debemos buscar más allá de los síntomas y entender que el origen de todo es la desconexión, el desconocimiento, la insatisfacción espiritual, la desconfianza y la rebeldía hacia Dios, el corazón engañoso del hombre, y el pecado que anida en él.

"Nada hay tan engañoso como el corazón. No tiene remedio. ¿Quién puede comprenderlo?" (Jeremías 17:9 NVI).

Todo lo contrario, cada uno es tentado cuando sus propios malos deseos lo arrastran y seducen. Luego, cuando el deseo ha concebido, engendra el pecado; y el pecado, una vez que ha sido consumado, da a luz la muerte.

–Santiago 1:14-15 NVI

Mucho antes de consumir pornografía, la persona se "desconectó" de Dios, perdió la confianza en Él como proveedor, consolador, ayudador, como un Dios que nos ama y tiene cuidado de nosotros (1 Pedro 5:7). No creemos ni confiamos realmente en que Dios nos ama. En definitiva, todo pecado está arraigado en la sospecha de que Dios no es realmente bueno, y esto es producto de no conocerlo. Por otro lado, el consumo de pornografía revela, a las claras, la insatisfacción espiritual que la persona experimenta. No se siente llena en Cristo, no encuentra en Él su satisfacción. Dicho de otra manera, si la persona se sintiera plena en su relación con Cristo, no consumiría pornografía. Esto no tiene que ver con que Dios no pueda satisfacernos; Él es quien todo lo llena por completo (Efesios 1:23). Lo que ocurre es que la persona decide no satisfacerse en Cristo.

El deseo de ser amado y completado es intrínsecamente humano; así fuimos diseñados por nuestro Creador. El vacío es, en definitiva, la falta de Dios, y nada llena lo que solo Él puede llenar.

Cuando el anhelo legítimo de ser amado no es encausado hacia el mismo Dios que lo creó (nos creó con un vacío que solo Él puede llenar), y tomamos en nuestras propias manos la responsabilidad de satisfacernos, es cuando lo que en un principio era un anhelo legítimo, se vuelve pecaminoso. Luego damos paso a la justificación, que por supuesto está asentada en múltiples problemas/excusas, en la autocompasión y el egoísmo.

Esta incapacidad de esperar y confiar en Dios, nos entrega en los brazos *porno* siempre dispuestos. Nuestro engañoso corazón se deja seducir/engañar por la promesa de satisfacción de este oscuro mundo:

Así que les digo: Vivan por el Espíritu, y no seguirán los deseos de la naturaleza pecaminosa. Porque esta desea lo que es contrario al Espíritu, y el Espíritu desea lo que es contrario a ella. Los dos se oponen entre sí, de modo que ustedes no pueden hacer lo que quieren.
–Gálatas 5:16-17 NVI

Más bien, revístanse ustedes del Señor Jesucristo, y no se preocupen por satisfacer los deseos de la naturaleza pecaminosa.
–Romanos 13;14 NVI

Queridos hermanos, les ruego como a extranjeros y peregrinos en este mundo que se aparten de los deseos pecaminosos que combaten contra la vida.
–1 Pedro 2:11 NVI

¿Qué pasaría si hiciéramos caso a las palabras de Jesús?
"Vengan a mí todos ustedes que están cansados y agobiados, y yo les daré descanso" (Mateo 11:28 NVI).

El mensaje que damos al mundo espiritual cada vez que elegimos ver pornografía es claro: la preferimos antes que a Dios; le confiamos a ella nuestra felicidad y no a nuestro Señor. Nos volvemos adoradores de ella, la ponemos en lugar de Él, y eso se llama idolatría. Cuando ponemos ese camino por encima del suyo, Él nos entrega a nuestros deseos, y así nos volvemos esclavos.[2] Reclamamos el gobierno de nuestras vidas y en ese mismo instante perdemos el control sobre nosotros mismos.

---

2 *Aclaración:* Esto es una consecuencia de nuestros actos, más que una acción voluntaria de Dios.

"Y como ellos no aprobaron tener en cuenta a Dios, Dios los en-tregó a una mente reprobada, para hacer cosas que no convienen" (Romanos 1:28 RVR60).

El pecado, en definitiva, es la evidencia del desconocimiento y la desconfianza en Dios. Ver pornografía es no confiar en Dios, nueva-mente, por no conocerlo.

Debés dejar que el Espíritu Santo tenga total acceso a todos los rincones de tu vida, de hecho, lo que más quiere Dios de vos es justamente lo que no querés entregar, eso que guardás, de lo que no hablás ni siquiera con Él.

Heridas no sanadas

Lo anterior tiene que ver con las razones/motivos profundos del consumo de pornografía. Lo que sigue, está relacionado con aspectos que también forman parte de la raíz del problema. Son temas a atender y tratar, cuestiones de gran importancia, que en muchos casos precisan de atención profesional.

La vida no transcurre en la mayor parte de los casos tal y como hubiésemos querido; los accidentes, los imponderables, las situaciones difíciles y hasta traumatizantes, están en ese paquete que llamamos "vida". La vida va dejando huellas en nosotros, imprime sus –muchas veces azarosos– acontecimientos en nuestra maleable historia. Vivir es ser marcado, y esas marcas no siempre se disfrutan...

La forma en la que reaccionamos ante las situaciones difíciles, angustiantes, dolorosas, que nos plantea el hecho de simplemente vivir influye en las actitudes, decisiones y acciones que tomamos. No siempre sucede lo deseado/esperado/planificado. Las personas se enferman, los accidentes ocurren, los seres queridos muchas veces nos lastiman, vivimos decepciones a diario, experimentamos un sinfín de situaciones que atentan contra nuestra voluntad de tener un devenir tranquilo, placentero y sin sobresaltos. Queremos que la vida sea predecible y segura, que la felicidad no juegue a las escondidas con nosotros. Deseamos transitar sin semáforos, sin desvíos, sin baches, sin lomos de burro y en una autopista (y sin peaje). Tengo malas noticias: eso no es una vida, eso no es real. Eso no es posible.

La manera en la que enfrentamos, toleramos y superamos al dolor, la frustración, el estrés y los conflictos va a deter-minar en buena medida si tendremos o no una tendencia/predisposición hacia las adicciones.

Cuando la vida duele, cuando afloran viejas heridas no sanadas (abuso, maltrato, abandono, ausencia de amor, respeto y cariño, o alguna pérdida) es cuando la droga se ofrece como una salida frente al dolor que no queremos soportar. Cuando hablamos de droga hablamos de todo aquello que usamos para no pensar, no sentir, no sufrir. Anestesia para el alma, falso escape. Y la pornografía es una de ellas.

Las "marcas" más profundas y significativas que reciben las personas, las sufren en el lugar que debería ser el refugio; el espacio de fortalecimiento, preparación, contención y motivación por excelencia, la familia. En este lugar donde se debería sembrar amor, muchas veces se siembra violencia, indiferencia, rechazo. Esto deja heridas que condicionan la historia de la persona. Estas heridas muchas veces los incapacitan para encarar las distintas etapas de su vida. Incapacitados, debilitados, heridos, buscan de alguna manera sobreponerse a un mundo absolutamente hostil con las pocas herramientas que tienen a disposición.

Así como una herida a nivel físico deber ser sanada para evitar una infección, también las heridas del alma deben ser sanadas. Una persona que no sanó las heridas de su alma tiene una "infección" que afecta toda su vida.

La pornografía es una respuesta a las heridas del alma no sanadas, a las situaciones no resueltas, a la incapacidad de enfrentar, tolerar y superar el dolor, la frustracion, el estrés y los conflictos. La pornografía "ayuda" a tapar y negar la realidad; representa una forma de intentar evitar el dolor.

Cada vez que aparece la tristeza, el rechazo, la soledad, el vacío, cuando los pensamientos se vuelven insoportables, cuando ya no querés sentir más, un poco de *porno* lo soluciona, aunque sea de forma temporal...

Lastimados, marcados, cansados, buscan que la vida les dé un respiro, demandan ser satisfechos.

Para el adicto, la pornografía es mucho más de lo que se ve a simple vista; de ahí la complicación a la hora de la recuperación, ya que la sola supresión del veneno no es la solución. La pornografía es mucho más que un simple consumo que otorga un gran placer. Es:

Compañía cuando aparece la soledad.

Consuelo ante la tristeza.

Una *pausa* al sufrimiento.

Escape, descanso y refugio de las tormentas del día a día.

Alivio frente a la tensión física.

Placer sin riesgo de desilusión.

La pornografía es ese *amigo fiel, que siempre está, que nunca falla, incondicional.*

La pornografía representa la ilusión de tener el *control* y la *seguridad* que una relación real no puede otorgar.

Una relación real implica incertidumbre, no hay seguridad; siempre está el riesgo de ser lastimado, desilusionado, abandonado. Una relación real no se puede controlar. Amar es peligroso, porque requiere de entrega y fe. Cuando amás, perdés el control de lo que sucede; en cambio, la pornografía genera la ilusión de que se tiene el control, de que la satisfacción está garantizada y sin ningún tipo de compromiso, ni de riesgo.

Amar, de cualquier manera, es ser vulnerable. Basta con que amemos algo para que nuestro corazón, con seguridad, se retuerza y, posiblemente, se rompa. Si uno quiere estar seguro de mantenerlo intacto, no debe dar su corazón, ni siquiera a un animal. Hay que rodearlo cuidadosamente de caprichos y de pequeños lujos; evitar todo compromiso; guardarlo a buen recaudo bajo llave en el cofre o en el ataúd de nuestro egoísmo. Pero en ese cofre –seguro, oscuro, inmóvil, sin aire– cambiará, no se romperá, se volverá irrompible, impenetrable, irredimible. El único sitio, aparte del Cielo, donde se puede estar perfectamente a salvo de todos los peligros y perturbaciones del amor, es el infierno.[3]

Detrás de un adicto a la pornografía no encontramos a una persona que simplemente se encuentra extasiada con un material hecho a su medida, no encontramos a alguien que "siente" un fuerte impulso hacia su satisfacción sexual... Encontramos historias, marcas...

–Un hijo de pastor que nunca pudo disfrutar de su papá, que en lugar de cariño recibió el deber de ser un hijo ejemplar.

–Esa mujer que cuando era niña, alguien se aprovechó de su inocencia.

–Ese joven que nunca pudo aceptarse a sí mismo, que sufría en su adolescencia el desprecio y las burlas de sus compañeros, y que cuando llegaba a casa no tenía con quien hablar; sus padres estaban muy ocupados.

–Aquella niña que se sintió abandonada por su papá cuando este decidió irse con otra mujer, dejando a su mamá en una profunda depresión y a ella sin el abrazo de un padre.

–El adolescente que vive a diario la violencia de un padre alcohólico.

Los ejemplos, las historias son interminables; quizás hasta vos mismo puedas poner la tuya en esta lista.

---

3 C. S. Lewis, *Los cuatro amores* (Madrid: Rialp, 2005) p, 13.

Contexto - factores ambientales

En el capítulo *¿Quién dijo que está mal?*, ya hablamos acerca de este punto. Simplemente debo agregar que el contexto hipererotizado actual influye, condiciona, promueve, justifica y legitima los pensamientos y las conductas de las personas que, por un lado, ya cargan con el propio deseo sexual natural, y por otro, tienen toda una serie de cuestiones (lo descripto anteriormente) que las empujan a refugiarse en la pornografía para evitar el sufrimiento.

Cuando hablamos de contexto, hacemos referencia a los factores ambientales que ejercen su influencia sobre la persona, entre ellos podemos nombrar:

–La cultura
–La sociedad y comunidad
–El grupo de pertenencia
–El espacio físico o geográfico
–Las instituciones (ejemplo; la escuela)
–La familia
–La religión

Lo que aprendemos en el hogar: la mayoría de las personas nacemos en el seno de una familia. Este es el ámbito que ejerce mayor influencia en la persona: aprende costumbres, reglas, ideales, comparte estados de ánimo, recibe historias previas de los progenitores... Todo esto va dando forma al sujeto en desarrollo desde que nace. Lo que aprendemos fuera de casa: la educación formal –desde el jardín de infantes hasta estudios de posgrado–, la situación social, política y económica (región/país/continental/global), las instituciones vigentes dentro de la sociedad, el roce cotidiano con los otros...

El lenguaje mismo constituye un límite al pensamiento ya que pensamos en función de las palabras que conocemos y sin palabra es imposible el pensamiento. Ahora bien, en lo referente a la sexualidad, el noviazgo, la masturbación, el consumo de pornografía, etc., el/la joven/adolescente mantiene un lucha feroz dentro de sí, entre el bombardeo omnipresente y constante de lo que consume de manera voluntaria e involuntaria, y lo que la iglesia predica (charla de noviazgo en la iglesia, máximo una cada seis meses). Es la lucha de las Cataratas del Iguazú contra una pistolita de agua.

La cultura en la que crecemos va delineando nuestra forma de pensar. Ejerce una influencia poderosísima sobre nosotros. Por supuesto que no determina de manera absoluta, pero sí que establece una especie de cerco o marco al pensamiento.[4]

---

4 Fragmentos tomados del libro *El verdadero amor espera*, JEBA.

Creencias erróneas

Según Patrick Carnes,[5] existe un común denominador en las personas que tienen algún tipo de adicción sexual y tiene que ver con su sistema de creencias, estas creencias básicas son cuatro:

Soy una persona mala e indigna

Nadie va a amarme como soy

Solo yo puedo satisfacerme

El sexo es mi necesidad más importante

¿Por qué creo lo que creo? ¿De dónde y cómo se forman mis creencias?

A grandes rasgos podemos decir que este sistema se forma a partir de nuestras creencias acerca de quién es Dios, nuestra historia de vida y el contexto en el que nos encontramos.

Lo que creemos acerca de Dios afecta significativamente toda nuestra vida. Dios existe, me ama, y su voluntad es *buena, agradable y perfecta* (Romanos 12:2 NVI). Él me cuida, me provee, me da descanso, esperanza y gozo. El sistema de creencias, la forma en la que se planta una persona frente a la vida, depende en gran manera de creer y experimentar estas verdades. El resultado de la desconexión, el desconocimiento, la desconfianza y la rebeldía hacia Dios, produce toda una serie de creencias de base que no hacen más que socavar el futuro de las personas.

Frases que denotan creencias erróneas
- Dios se olvidó de mí.
- Ya no sé si creer en Él.
- Si Él existe, ¿por qué permite que sufra así?
- ¿Dónde estaba cuando mi padrastro abusó de mí?
- ¿Cómo puede ser que me pase esto? Si yo lo sirvo...
- Ya me cansé de pedirle ayuda, parece que está sordo.
- Llorando de rodillas oraba que me saque esto, nunca me respondió.
- Si realmente me amara, no estaría pasando por esto.
- Siento que estoy solo y nadie se interesa por mí.

---

5 Carnes, Patrick, *Out of the Shadows: Understanding Sexual Addictions* (Center City, NM: HazledenPress, 1983), pp. 167-76.

Otra de las fuentes donde se gestan estas creencias erróneas la encontramos en la historia de vida, en las marcas, en *las heridas no sanadas del alma*. Mucho de lo que pensamos está arraigado en lo que fue sembrado en nosotros durante los primeros años de vida y en la adolescencia. Sobre todo los mensajes recibidos en el entorno familiar; estos constituyen la materia prima desde donde comenzamos a forjar la imagen que tenemos de nosotros mismos y de los otros.

Frases que denotan creencias erróneas

- Nadie me quiere.
- No sirvo para nada.
- Nunca voy a poder alcanzar mis sueños.
- ¿Para qué voy a pensar en formar una familia? ¿Para destruir a mis hijos?
- Soy un completo fracaso.
- Tal vez lo mejor sea dejar de existir, después de todo... ¿a quién le importo?
- ¿Quién podría interesarse en alguien como yo?
- La universidad es para otros, a mí no me da la cabeza.

Por último, el *contexto* en el que estamos insertos también ejerce su influencia en nuestra forma de pensar y, en definitiva, en nuestras creencias. No podemos evadirnos de la cultura, la realidad social, el grupo de pertenencia, las instituciones, etcétera. Este contexto representa el marco general desde, y *en* el cual elaboramos nuestro sistema de creencias.

Frases que denotan creencias erróneas

- Todos ven pornografía, si todos lo hacen debe estar bien...
- Es natural, es una necesidad. ¿Quién puede ir en contra de la naturaleza?
- Si lo siento está bien, debo hacerle caso a mi corazón.
- Mis necesidades deben ser satisfechas, el sexo es mi necesidad más importante.
- No debería reprimir mis impulsos.
- Yo tengo derecho a elegir.
- ¿Quién dijo que está mal ver porno?
- La religión solo prohíbe, yo tengo derecho a ser libre.

De la vida real

Franco experimentó desde chico la ausencia de su padre, y una innumerable cantidad de problemas en su casa. Absolutamente inseguro, tímido, retraído durante su preadolescencia, comenzó la secundaria. El roce con sus compañeros no hizo más que agravar su condición. Allí, a sus doce años, conoció la pornografía, y descubrió el placer combinado del consumo y la masturbación. Al principio lo hacía por el placer que le producía, luego comenzó a ser un recurso para evitar sentirse mal. ¿En qué se transformó esta adicción para Franco a medida que fue creciendo?

– En un escape de los problemas de la casa.

– En la posibilidad de no sufrir.

–En la posibilidad de estar con alguna chica (algo que su inseguridad y timidez le impedían).

Con cada consumo, el sistema **Displacer – Acto** (consumo de pornografía/masturbación) **– Placer:**

Se consolidaba, perdiendo las propias fuerzas para luchar, entregándose paulatinamente a este recurso altamente gratificante y para el cual no necesitaba esforzarse. Sin embargo, lejos de mejorar, su situación empeoraba más y más. Luego del alivio inicial, después de ver pornografía y masturbarse, se sentía la peor basura del mundo. Sabía que lo que hacía estaba mal, que ofendía a Dios, pero no soportaba la realidad en la que estaba inmerso; por otro lado la "solución" a esta situación lo hundía cada vez más en la depresión y en el aislamiento. Su autoestima ya estaba por el piso.

A los veinte años, ya con varios años de adicción encima y con la mochila repleta de culpa, se encontraba enamorado de una chica de su iglesia. Por supuesto que ni siquiera se animaba a hablarle, con lo cual sumaba una nueva frustración a las ya acumuladas; esto alimentaba la necesidad de consumir más y más...

¿Quién era Dios para Franco? Una idea, una costumbre, simplemente una religión. No confiaba realmente en que Dios fuera capaz de llenar sus vacíos, de calmar su angustia y romper con la terrible soledad que lo aplastaba día a día.

Como si esto fuera poco, la posibilidad de romper con ese sistema se hacía realmente dificultosa habida cuenta de las presiones/tentaciones que experimentaba a diario en su escuela, desde los temas de conversación hasta los videos que se compartían.

Aun hoy está luchando, pero está comenzado a confiar en Dios. Reinició su relación con Él. Los cambios son notables, ¡hay esperanza!

ENTRADA - CICLO DEL CONSUMO

En el principio del capítulo hablamos de los motivos que llevan a la persona a consumir pornografía. Desde las razones más profundas, de carácter espiritual, hasta el mismo contexto en el que transcurre su vida. Ahora trataremos de dar cuenta del proceso de entrada al mundo *porno,* cómo es el ciclo del consumo.

Este ciclo tiene una serie de etapas o estaciones: **Detonantes, Activación, Justificación, Decisión, Ejecución.** Luego de la Ejecución (consumo), viene la **Desilusión/Culpa/Frustración/Remordimiento** que produce un **Malestar** generalizado.

Detonantes

Los detonantes son situaciones/circunstancias y estados que favorecen el consumo, que actúan como catalizadores; es decir, frente a una realidad particular (la raíz del problema) el detonante activa el deseo del consumo. Estos crean un ambiente, una atmósfera de vulnerabilidad ante la tentación (sobre todo cuando estás "débil espiritualmente") y están en estrecha relación con los aspectos de tu vida en los que sos débil.

Son específicos para cada persona, ya que cada uno asimila/vivencia de manera particular las situaciones de su vida. No todos procesamos de la misma manera los acontecimientos, las emociones, las derrotas y desilusiones. Un mismo detonante en una persona no tiene efecto alguno, mientras que en otra provoca un deseo desesperante de consumir.

Tipos de detonantes

- **Detonantes internos:** emociones, sentimientos, pensamientos, sensaciones físicas/fisiológicas (dolores, hambre, malestares, estrés, pero también presión sexual). Ejemplos:

- Mal humor, enojo, ira
- Tristeza, angustia, depresión
- Ansiedad, frustración, cansancio, hartazgo, estrés
- Soledad, desilusión, rechazo
- Dolores físicos, hambre
- Estado de excitación, deseo sexual intenso
- Fantasías sexuales
- Pensamientos como:
  - Esto nunca va a cambiar
  - Todo me sale mal
  - Nadie se va a fijar en mí
  - Soy horrible
  - Mi esposa no es fogosa en la cama
  - Mi vida es un desastre

(Muchos de los pensamientos son el resultado de las situaciones que vivimos, las emociones y los sentimientos que experimentamos).

- **Detonantes externos:** lugares, consumos, personas, circunstancias, sucesos. Ejemplos:
  - Ciertos ambientes donde las tentaciones son grandes (escuela, trabajo, universidad, calle, club, etcétera)
  - Música, TV, películas, series, revistas, diarios, páginas web, redes sociales, contenidos recibidos por *whatsapp*, etcétera
  - Relaciones con personas que generan gran excitación, relaciones confusas con mucho contacto físico, noviazgos que no respetan los límites, etcétera
  - Momentos de mucha presión, trabajo, responsabilidades, estrés, etcétera
  - Problemas laborales, familiares, matrimoniales, etcétera
  - Demasiado tiempo libre, ocio, aburrimiento
  - Un mal día
  - Estímulos visuales (determinada vestimenta, publicidades, etcétera)
  - Acceso constante a fuentes de consumo (ejemplo, persona cuyo trabajo es *online*)
  - Mucho tiempo solo (persona que pasa gran parte de su tiempo solo)
  - Pérdida de trabajo
  - Muerte de algún ser querido
  - Sueños rotos

Los detonantes tienen efectos fisiológicos reales y de gran intensidad. La dopamina, que es la hormona del placer, una vez que es liberada en cantidades específicas, produce el "secuestro del cerebro", la paulatina pérdida de voluntad de luchar contra el deseo de consumir.

Una vez que aparece el detonante, comienzan (y/o se incrementan) el deseo, la guerra, los argumentos, las excusas, la planificación, los rituales.

Todo ello con un gran placer. Luego la ejecución, y obviamente... luego, la culpa, el remordimiento y la frustración.

Es importante tener en cuenta que (como vemos en el *gráfico 2*) el paso del **detonante** a la **activación** está regulado (puerta al consumo) por el **alejamiento de Dios.** Y acá hacemos un gran alto y un punto a resaltar:

Cuando tu relación con Dios es **real, fuerte, profunda** y **continua,** no consumís *porno.*

Con Dios, no hay *porno.*

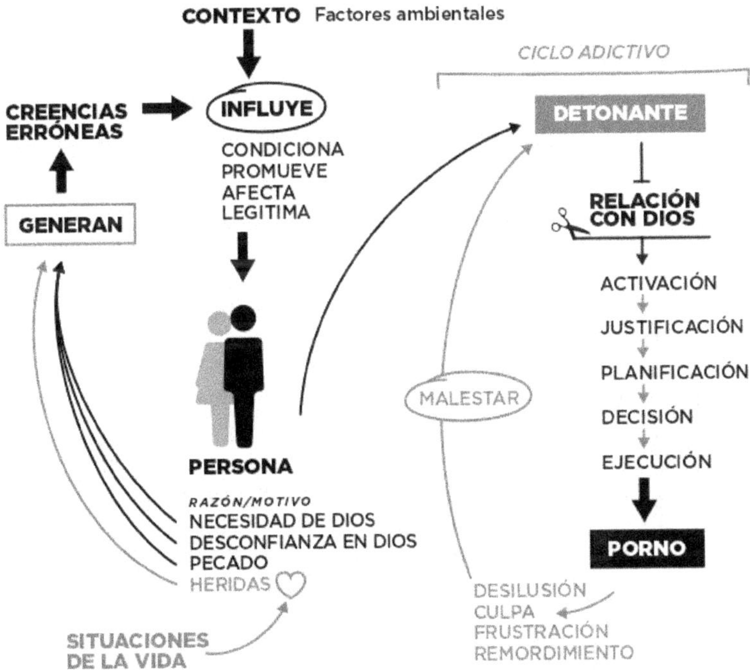

Los detonantes, lo son (funcionan como tales), cuando no estás en tu mejor momento respecto a tu relación con Dios. Cuando estás bien, firme, fortalecido en Dios, en una estrecha relación con Él, los detonantes son simplemente estímulos neutralizados, bloqueados, rechazados y superados.

Ahora bien, algunos detonantes son al mismo tiempo el producto/resultado de la desconexión espiritual y la puerta al consumo al mismo tiempo. Es decir, que el detonante se genera por una situación previa:

Me desconecto de Dios, le doy lugar al enojo.
Me desconecto de Dios, vuelve la depresión.

Cada vez que nos "desconectamos" de Dios, volvemos a nuestra vieja naturaleza.

Para cualquiera de estos ejemplos aplica el mismo principio bíblico: ir a Jesús quien promete descanso, alivio, paz. En este sentido el detonante es *producto* de la desconfianza, desconexión, desconocimiento de Dios y/o heridas del pasado no sanadas.

Nuestra intención no es ni caer en el legalismo, ni pretender perfección; no obstante si nos detenemos a pensar por un instante, gran parte de los problemas que vivimos a diario no tendrían la influencia que tienen sobre nosotros si nuestra relación con Dios estuviera en el *ideal*. Todas aquellas situaciones, experiencias, momentos difíciles, dolorosos, se superarían rápidamente. Sin embargo, somos humanos, y no nos sale bien eso de ser perfectos...

Entonces, una vez que aparece el detonante, aquello que regula la evolución (o no) a la **activación** es la situación espiritual de la persona. Se activa el ciclo del consumo por un *relajamiento espiritual*.

Este corto circuito espiritual, algunas veces es el resultado de algún suceso doloroso: una muerte, un despido, una separación, etcétera. (*Aclaración:* Dios no es el responsable del "corto circuito", siempre somos nosotros quienes nos soltamos de su mano). Sin embargo, la mayor parte de las veces, este deterioro en nuestra relación con Dios es el resultado de una lenta y creciente "flojera" espiritual.

Progresivamente vas perdiendo el foco, dejás de buscarlo como lo hacías antes, poco a poco, paso a paso. Un día te das cuenta que hace más de una semana que ni abrís la Biblia y eso se transformó en la costumbre de los últimos tres meses. Eso sí, no faltas a un culto... Casi sin darte cuenta, tus oraciones son cada vez más cortas y desabridas; luego, cada vez más distanciadas. Sigue pasando el tiempo, volvés a mirar hacia dentro y caés en cuenta de que a la última persona a la que le hablaste de Jesús fue hace más de medio año....

Sigue pasando el tiempo, y no solo estás cada vez más lejos de la fuente, sino que además comenzás a dar lugar a ciertos pensamientos y sentimientos que solo empeoran tu condición y ahora... vienen los permisos. Antes, cuando estabas "bien pila" con Dios, ciertas series ni se te ocurría verlas, ahora no solo las ves, sino que ni siquiera adelantas las escenas de sexo. Antes, cuando caminabas por la calle y veías a una chica con "esa" ropa simplemente, desviabas la mirada;

ahora tus ojos se posan en esa calza bien calzada... Poco a poco, paso a paso.

Los problemas nunca desaparecieron de tu vida, pero el hecho de estar bien agarrado de Dios te daba la fortaleza para enfrentar cualquier situación (de hecho la pornografía era parte de un pasado que parecía muy lejano). En perspectiva, los problemas eran simples detalles, mínimos inconvenientes a superar rápidamente. Ahora, más lejos del Señor, cada pequeño percance se trasforma en un verdadero drama.

En este contexto de debilidad espiritual, de alejamiento de Dios, es que sos más propenso al consumo.

Cierto día llega ese video al grupo de *whatsapp* al cual durante mucho tiempo te resististe a entrar. Vos sabés muy bien cuál es su contenido, tu corazón se acelera, comenzás a experimentar esa vieja, placentera y conocida sensación. Tu cerebro empieza a llenarse de dopamina, tus ganas se incrementan. Una batalla sin igual se desata en tu mente, no sabes qué hacer... a cada instante las ganas crecen y tu voluntad pierde terreno. Tu dedo se acerca al video, aún no lo descargaste.

Sentís una voz (se llama Espíritu Santo) que te dice que dejes el celu. En realidad, sabés muy bien lo que tenés que hacer, pero... Tus ganas crecen, tu corazón late cada vez más rápido y fuerte, vas perdiendo poco a poco, paso a paso, el dominio de vos mismo. Todo esto sucede en unos pocos segundos. Tu dedo se va acercando, la rueda verde está por girar, el video se va a descargar. Vas a consumir luego de varios años, la culpa volverá...

El consumo de pornografía *no* se produce luego de un encuentro con Dios, es el resultado de tu alejamiento de Él. Pequeños pasos, sutiles decisiones, casi imperceptibles, y un día... te encontrás en el chiquero. El detonante es la excusa.

La entrada quizás parezca repentina. Esa aparente y abrupta decisión, no obstante, fue producto de un proceso lento, paulatino, y muchas veces inconsciente, donde fuiste preparando el terreno en tu mente y tu corazón. Y eso Satanás no solo lo sabe, sino que lo planifica.

Activación

Una vez que hizo su aparición esa situación displacentera, ese estímulo/tentación, o quizás la soledad o el ocio, o lo que sea que funcione como detonante, lo que sigue es la activación del sistema, la entrada al ciclo del consumo.

Algunos detonantes generan excitación al instante (una escena vista en alguna película, las fantasías sexuales, alguna imagen vista en *Instagram,* etcétera); otros, por otro lado, al ser una sensación negativa (dolor, soledad, discusión, frustración, cansancio) provocan la necesidad de tapar, negar o esquivar con consumo. Otros detonantes ganan terreno simplemente por su persistencia en el tiempo (ocio, aburrimiento).

Una vez que el detonante da lugar a la idea de ver *porno,* se activa el sistema, inicia el ciclo del consumo.

ES IMPORTANTE ACLARAR QUE ESTE CICLO PUEDE SER INTERRUMPIDO, EL HECHO DE QUE ESTE PROCESO COMIENCE NO SIGNIFICA QUE NO PUEDE DETENERSE.

Cuando se instala en la mente de la persona la posibilidad de ver *porno,* en ese mismo instante, se libera dopamina y se comienza a experimentar placer; se despierta la pasión. La pequeña bolita de nieve en lo alto de la montaña empieza a caer...

El deseo sexual gana intensidad; se produce un alza en el estado de ánimo, una inyección de energía. En este punto da inicio una espiral de sensaciones muy difícil de controlar (aunque se puede, siempre se puede); la ansiedad va adquiriendo cada vez más espacio, la posibilidad de consumir la droga exalta los ánimos.

El estado previo de malestar comienza a desaparecer dando lugar a un fuerte impulso por la gratificación sexual.

En este estadío, aún puede escucharse la voz del Espíritu Santo fuerte y clara, pero también así de fuerte y claro se escucha otra voz que clama por satisfacción. Querés gratificarte, pero no querés ofender a Dios.

La tentación, el deseo, la pasión, conforme pasa el tiempo, se hace más y más fuerte. El mundo *porno* te atrae, es magnético, hipnotizante.

La lucha se intensifica, sabes que está mal, pero querés ver *porno.* Poco a poco vas perdiendo lucidez, ya no pensás de la misma manera. La culpa asoma, pero te negás a escuchar.

Y entonces, tomás una decisión. No querés pelear más, querés rendirte ante el encantador y prometedor mundo *porno.* Decidís **justificarte.**

Justificación

Esta es la etapa de los diálogos internos, de las excusas.

La pornografía se postula como la única solución posible ante esta situación. En este momento hace su aparición en escena ese *yo interno*, que esgrime con precisión quirúrgica los argumentos más contundentes del mundo para convencerte de que:

Debés ver pornografía
No tiene sentido el esfuerzo
No vas a poder cambiar
Es solo por "esta vez"
Lo único que te va a calmar es eso...
Nadie te entiende
Es demasiado fuerte la tentación
Te lo merecés...

Experimentar la sensación de que vas a ofender a Dios es insoportable, casi tanto como contener el fuego que te está consumiendo, y la pornografía representa un oasis en medio del desierto.

Necesitás una excusa, una justificación, y no tardás en generarla (casi no te reconocés a vos mismo). El camino está allanado, estás justificado, ¿quién puede luchar contra esto? ¡Es muy fuerte! Después de todo, sos humano y *se vale ser humano...*

Excusas.

Planificación

Ya justificado, el camino está libre de trabas. La capacidad de pensar y decidir libre, sana y racionalmente se ve sensiblemente alterada; tu cerebro ya está cooptado, secuestrado, invadido por tu deseo de satisfacerte. Solo hay un objetivo, en esta etapa ya ni se piensa en volver atrás, el cerebro se *enfoca* en la solución, se concentra en el placer, pone su mirada en el aquí y ahora.

Se incrementan los niveles de dopamina en el Sistema de Recompensa del Cerebro, estás cada vez más cautivado, hipnotizado, fascinado, excitado; la pasión y el deseo se centran en el consumo.

Y entonces... armás el plan.

Cuándo, cómo y dónde vas a satisfacerte.

La ansiedad, en esta etapa es altísima, estás absolutamente enfocado. La pornografía es lo único en lo que podés pensar.

Tu mente ya está imaginando las escenas.

Tu cuerpo está a punto de estallar en éxtasis.

El mundo desaparece.

Solo estás vos, el *porno* y tu gratificación.
Las consecuencias se esfuman.
No podés ver más allá del placer inmediato.
El objetivo es claro, la necesidad apremiante. *JUST DO IT.*

Aclaración: En muchos casos esta fase se salta, es decir, una vez *activado* el ciclo, la persona se *justifica* y luego consume sin más. Actúa directamente.

Decisión

La decisión ya está tomada. Llegaste al punto sin retorno, te preparás... en tu mente está el pensamiento de: "ya no hay vuelta atrás", "ya está", "ya fue".

El plan está listo. Te preparás, disponés el ambiente, asegurás el área para garantizar que nada ni nadie puedan interrumpir tu cita.

El nivel de excitación está llegando al punto más alto. Estás ciego, absorto, obnubilado, ya no razonás. Bloqueás cualquier intento de marcha atrás, desestimás todo tipo de advertencia. La mira está puesta en el objetivo; tu dedo en el gatillo, solo es cuestión de tiempo; la bala va a salir.

Aclaración: Una vez más creemos conveniente aclarar que, más allá del estadío en el que te encuentres siempre, ¡siempre se puede volver atrás e interrumpir los rituales, el ciclo del consumo!

Ejecución

Las imágenes te impactan, la sensación de placer es incomparable, pareciera que nada en este mundo puede compararse ni asemejarse a la intensa satisfacción que experimentás. Tu mente y tu cuerpo están en éxtasis. Te encontrás/sentís como en una especie de realidad paralela, en otro mundo, otra dimensión. El dolor, la soledad, el enojo, la frustración, la culpa, simplemente no existen; no hay lugar para nada que no sea el *porno,* el placer y vos.

Lo que estás viviendo en ese instante casi que no tiene sabor a pecado, de hecho está justificado; se vivencia no solo como necesario, sino también como inevitable.

Desilusión – culpa – remordimiento – frustración

Ya lo hiciste; ya viste *porno* y te masturbaste, esos minutos de éxtasis total acaban de fallecer y de manera abrupta todo ese placer se esfumó. Esa promesa fue solo una ilusión. En el estado previo al consumo, estabas con las expectativas de que ibas a experimentar una sensación de plenitud, que la realidad pocos minutos después iba a destruir.

Si bien hubo placer, este fue tan fugaz que apenas alcanzaste a saborearlo, y la amarga realidad se apodera nuevamente de tu vida. Volvés a estar abrazado al dolor, te sentís más vacío que antes. Consumado el efímero placer, solo te queda la amarga compañía de la desilusión, la culpa, el remordimiento y la frustración.

En este momento podés volver a ver, ahora tenés claridad, ahora sí podés pensar. Las preguntas brotan:

¿Cómo fue que termine ahí?
¿Qué me pasó...?
¿Por qué?
¿Cómo es que no pude frenarme?

Otra vez, otra patada a la misma piedra. Detrás de la condena que te autoimponés está Satanás, quien al principio te convenció de lo glorioso que sería ver *porno,* y ahora busca sepultarte en un mar de culpas.

Todo ese bloqueo mental se convirtió en claridad meridiana. El *malestar* es generalizado; querés volver el tiempo atrás, no obstante seguís, ya estás un tanto acostumbrado a estas sensaciones.

El ciclo continúa, ya que el malestar que no lleva al arrepentimiento genuino, a un reencuentro con Dios, se transformará en un detonante más adelante.

La persona adicta a la pornografía, vivencia cada ciclo de consumo como un fracaso personal; con cada vuelta de este ciclo su autoestima se deteriora más y más. Se profundiza el malestar sumiéndose en un círculo realmente vicioso.

De los labios de la *pornografía* fluye miel; su lengua es más suave que el aceite. Pero al fin resulta más amarga que la hiel y más cortante que una espada de dos filos. Sus pies descienden hasta la muerte; sus pasos van derecho al sepulcro.

Pues bien, hijo mío, préstame atención y no te apartes de mis palabras. Aléjate de la *pornografía;* no te acerques a la puerta de su casa, para que no entregues a otros tu vigor, ni tus años a gente cruel; para que no sacies con tu fuerza a gente extraña, ni vayan a dar en casa ajena tus esfuerzos. Porque al final acabarás por llorar, cuando todo tu ser se haya consumido. Y dirás: "¡Cómo pude aborrecer la corrección! ¡Cómo pudo mi corazón despreciar la disciplina! No atendí a la voz de mis maestros, ni presté oído a mis instructores. Ahora estoy al borde de la ruina, en medio de toda la comunidad".

– Proverbios 5:3-5, 7-14 NVI[6]

Rituales, oscuras rutinas placenteras

M. Fuentes en su libro *La trampa rota, el problema de la adicción sexual*, dice:

La ritualización es una rutina altamente predecible, que implica una serie de actos y comportamientos que el adicto usa para prepararse a la realización de su práctica sexual.[7]

Los rituales son un conjunto de actitudes, pensamientos, y comportamientos que preparan el terreno para el consumo; representan un camino bien definido, específico, que deriva en *porno*. El adicto se toma con seriedad los rituales, cada movimiento, cada comportamiento, cada paso, está pensado. Es un conjunto de hábitos muy específicos, es una rutina que el adicto utiliza para consumar su deseo.

Los rituales son de alguna manera una "caída programada". Programa, planifica caer, aunque se dice a sí mismo que no va a consumir. La persona prepara el clima interno (pensamientos y sentimientos) y externo (condiciones óptimas para el consumo), prepara todo para que sea "inevitable". Es un ambiente cargado de expectativas y excitación, pero no deja de ser un autoengaño.

El ritual en sí mismo es una excusa, es el proceso que justifica la acción. Por eso provocará su propia excitación, e intentará incremen-

---

6 La palabra "adúltera" fue reemplazada por "pornografía".

7 Fuentes, Miguel. *La trampa rota, el problema de la adicción sexual* (San Rafael, Mendoza, 2008) pp. 90

tar el placer; el adicto hará lo posible para que nada interrumpa el ritual (que por otro lado es muy placentero en sí mismo).

Esta "caída programada" de la que hablamos se traduce en actividades específicas que activan/refuerzan el deseo de consumir: *Instagram, zapping,* Internet, revistas, fantasías, música.

Vos entendés perfectamente.

Buscás las excusas, generás una discusión con tu esposa, buscás intimidad de la manera en la que sabés que ella no quiere, sabiendo que vas a ser rechazado. Ahí tenés tu coartada... estás justificado... tenés deseos, sos hombre, no podés vivir reprimiéndote.

Entonces entrás en ciertas páginas que, si bien no son *porno*, sabés que te "movilizan". Vas al buscador de *Instagram* porque estás *aburrido*. Tratás de forma activa de "activarte", y de hacerlo de forma tal que creas que no hay vuelta atrás.

Cualquier cosa puede formar parte de un ritual: lugares, momentos, actividades, incluso pensamientos. El ritual pertenece a una especie de mundo paralelo, es otra dimensión. Son otras reglas, otras necesidades.

En este mundo vos no dirigís tu vida, la dirige tu deseo. En el mundo real, no tenés el control de los acontecimientos, sos herido, decepcionado. Hay dolor, angustia. Pero en el mundo *porno* vos tenés el control; en realidad tu deseo te controla, tu lujuria te dirige.

Con el paso del tiempo y la repetición del consumo, el adicto va dándose cuenta de que el momento de placer es cada vez más difícil de alcanzar y más efímero. Eso lo lleva a dilatar el ritual –a prolongar el tiempo para maximizar el placer–, por un lado; mientras que por el otro se le impone la necesidad de cambiar el tipo de materiales para lograr alcanzar la gratificación deseada.

No todos los que consumen tienen rituales, muchos consumen producto de que fueron "detonados" estando en una estado de fragilidad espiritual y/o emocional, con lo cual las fases: activación, justificación, planificación (muy breve, y pragmática), decisión y ejecución transcurren en pocos minutos, donde el comportamiento es más una reacción cuasi espontánea que un ritual.

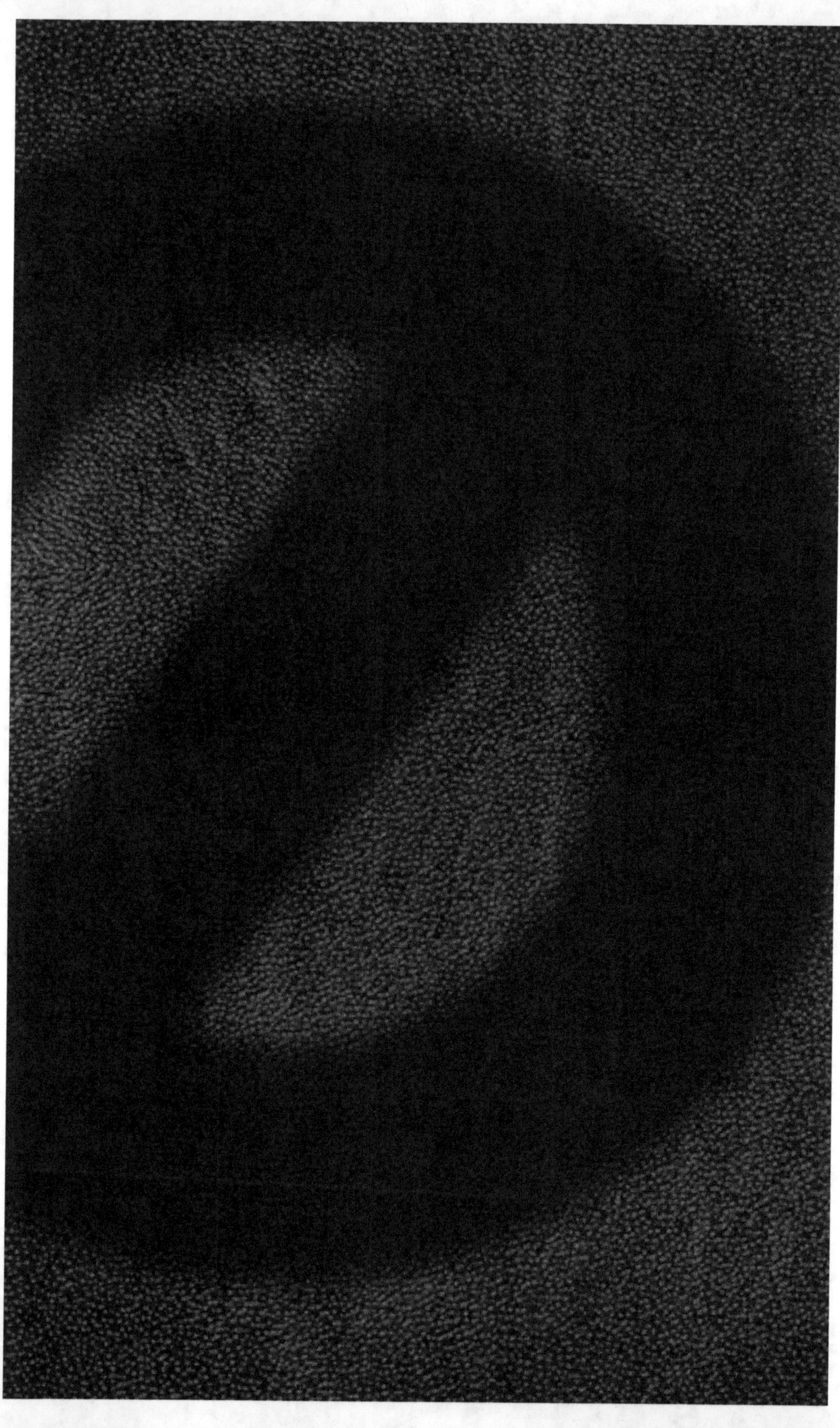

MR. K
UN CASO DE LA VIDA REAL

Soy Mr. K, cristiano de cuna, hijo amado y buscado.
Esta es mi historia:

Todo comenzó cuando un familiar trajo a escondidas la primera revista *porno* a casa. Yo tenía cinco años. En un principio fue desagradable, no entendía lo que veía; pero al pasar los días eso alimentó mi mente y, sobre todo, mi curiosidad. Fueron lecciones engañosas y falsas sobre la sexualidad.

Progresivamente mi desagrado fue decreciendo y la curiosidad incrementando. Comencé viendo revistas (no pornográficas), buscando algo que me alimentara. En mi preadolescencia coleccionaba recortes de anuncios de ropa, perfume, trajes de baño, escenas de películas, ropa interior. Aún no tenía mis propias revistas *porno*.

Con el tiempo me di cuenta de que tenía vecinas (siempre estuvieron ahí), que colgaban su ropa interior a la vista; eso se convirtió en una especie de reto o desafío, tal objeto tenía que ser sustraído y recolectado como suvenir.

Al poco tiempo pude hacerme de mis primeras revistas *porno*, y la lujuria se desató como nunca antes (ya tenía trece años).

Tiempo más tarde estudié computación, armé mi propia computadora y pasé del *porno* estático gráfico al *porno* dinámico en videos. De alguna película con escenas subidas de tono hasta la selección de estrellas *porno*, todos los CDs eran bien recibidos en mi casa.

Donde más derrapé fue cuando empecé a trabajar en un ciber (cerca del año 2000). Descargaba videos de manera masiva, grababa compilados a granel. Había generado una videoteca enorme en mi computadora. En las noches tenía rituales masturbatorios, no había un día en que no me masturbara.

En paralelo al trabajo del ciber instalaba y reparaba líneas de video-cable en un albergue transitorio (o "telo"). Debía dejar todas las habitaciones con perfecta señal de cable, prestando especial cuidado a los canales pornográficos. Básicamente reparaba el canal *porno* de cada habitación; eso formaba parte de mi trabajo. Esta tecnología no permitía la descarga de contenido por lo cual mi videoteca virtual se mantuvo sin crecimiento, pero mi videoteca mental se incrementó hasta ocupar casi todo el espacio cognitivo de mi cabeza. Ya no podía concentrarme, me costaba pensar en otra cosa que no fuera sexo o gratificación. Veía a las mujeres como objetos y realmente creía ser un experto en el sexo.

Nunca se lo conté a nadie. Yo me congregaba regularmente, trabajaba con niños y en el ministerio de alabanza. Mi vida era una gran mentira.

Gracias a la crisis del 2001 me quedé sin ambos trabajos. Tuve que reconocer que toqué fondo y Dios salió a mi encuentro. Empezó un periodo de restauración bastante extenso, pero con excelentes resultados. ¡Ahí estaba! Limpio, sobrio, despejado, feliz, pero cuidadoso de no volver a caer.

Años después conocí a una chica, hija de pastor, quien no tenía idea de mi pasado oscuro (nadie lo sabía en mi congregación, solo mi líder). Comenzamos a salir. Yo estaba aterrado de querer poner en práctica las miles de horas de *porno* que tenía en mi cabeza. La veía "santamente", y no quería darle rienda suelta al más mínimo pensamiento. Estuvimos tres años de novios, nos casamos vírgenes y fuimos felices los primeros tres años. Con mi primer hijo recién nacido, la discontinuidad de intimidad con mi esposa (con todo lo que eso significa) y la frustración por la falta de trabajo, volvió a aparecer el deseo de ver *porno*. Y sí, volví a abrirle la puerta al infierno de la pornografía...

Poco a poco fui perdiendo el deseo por mi esposa, que por otro lado tampoco parecía desearme mucho que digamos...

La situación fue empeorando, cada vez me alejaba más de mi esposa y me hundía más y más en la pornografía. Poco a poco fui perdiendo el deseo por ella. Día a día alimentaba mi mente con estos contenidos, fantaseaba despierto, programaba alarmas para consumir a la madrugada (donde los riesgos de ser descubiertos eran mínimos). Pasaron los años, seguí con el comportamiento y depuré la técnica de ocultamiento.

Toqué fondo, y me sentía tan impuro que me daba miedo llegar a abusar de mis hijos; no quería siquiera tocarlos. Estaba aterrado. El límite de lo bueno y lo malo era confuso, dificultoso. Mentía, ocultaba, estaba en una sombría cárcel que no podía ver, palpar, ni sentir. Estaba en el horno. Seguí congregándome, pero mi mente estaba tan sucia que buscaba fotos de mis hermanas en Cristo por las redes sociales y me masturbaba pensando en ellas, fantaseaba despierto e imaginaba la manera de poder acceder a ellas sexualmente. En mi mente era un depredador sexual. Tenía una doble vida, una cara oculta bien desarrollada y digna de un espía. Era un experto en ocultar. Nadie se dio cuenta.

Hoy en día te puedo decir que soy libre de la pornografía porque llegué a conocer a Dios verdaderamente. Los cristianos de cuna estamos tan acostumbrados a las normas de comportamiento y el lenguaje cristiano que, probablemente, podemos vivir toda una vida aparentando, pero sin conocer a Dios personalmente.

Yo decidí buscar a Dios y hacer de Él mi fuente de satisfacción. ¡Allí es donde volví a rehabilitarme! Restauré mi matrimonio, le confesé mi situación a mi esposa y a mis pastores. Sané, renuncié y tomé decisiones para erradicar el problema. Cambié la rutina, ¡cambié mi mente!

Hay muchos datos que he omitido por desagradables, zarpados o porque no edifican, ¡¡pero creéme que estaba en lo profundo del chiquero!!

Hoy, años después, ayudo a todo el que quiera salir de esta basura. No conozco en teoría el poder de Dios, lo conozco en la práctica. Soy un ex adicto profundo, alcanzado por Dios y ¡quien puso todo de sí para salir!

¡¡¡Te animo a confiar en el más grande!!! Mi pasado sombrío no me condena; es más, es una herramienta para ayudar a otros. Las cicatrices están, pero hoy son marcas que dan cuenta del amor y la misericordia de Dios.

Todo esto no significa que considero la batalla terminada, sigo alerta y con los ojos bien abiertos. Soy consciente de que determinadas situaciones pueden provocar que el deseo vuelva a aparecer, por eso es que me mantengo con la guardia alta.

Por último, ¡tengo súper claro que se puede! Pero también que *solo con Dios se puede*.

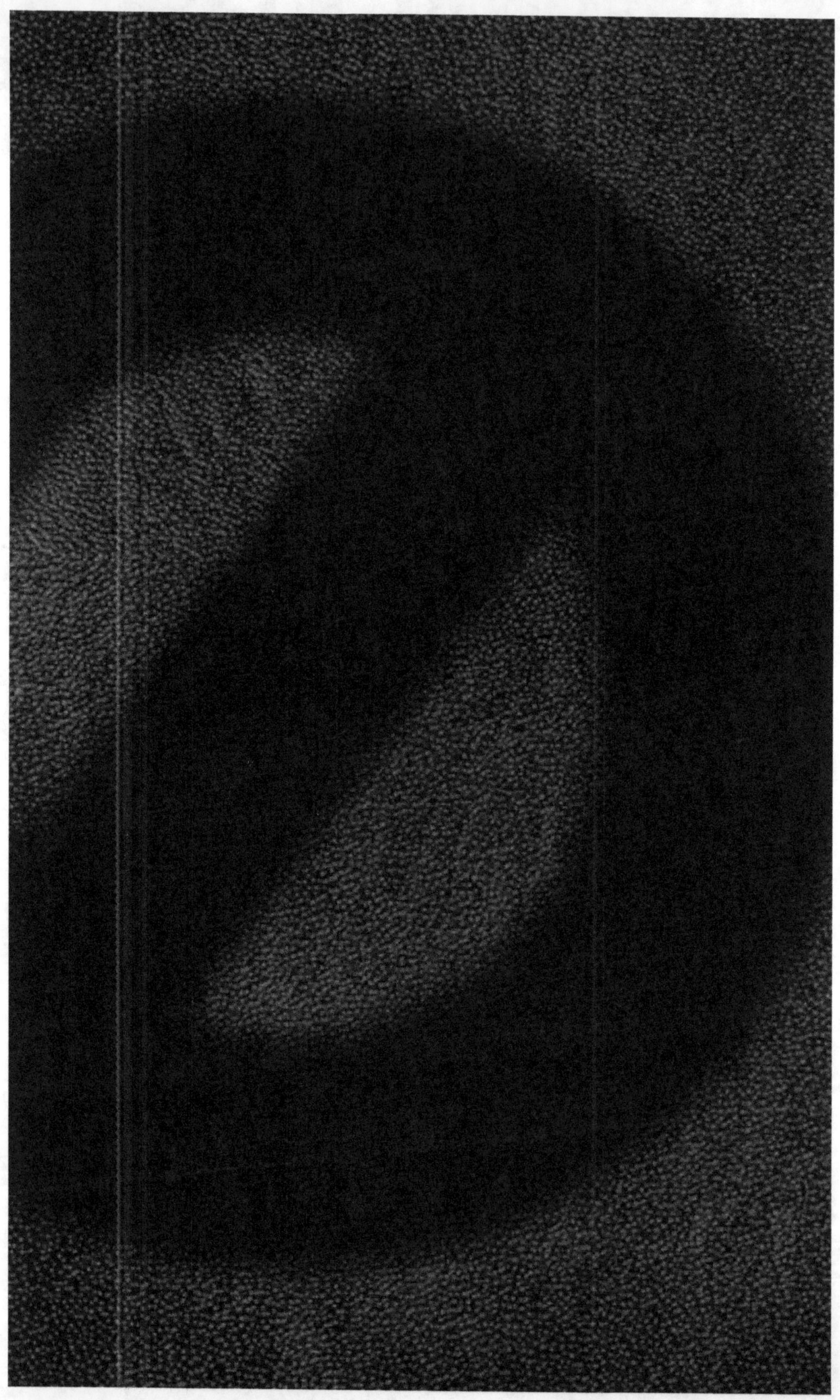

NADA ES GRATIS

CONSECUENCIAS DEL MUNDO PORNO

Pues los labios de una mujer inmoral son tan dulces como la miel y su boca es más suave que el aceite. Pero al final ella resulta ser tan amarga como el veneno, tan peligrosa como una espada de dos filos. Sus pies descienden a la muerte, sus pasos conducen derecho a la tumba.
–Proverbios 5:3-5 NTV

Aclaración: El enfoque de esta sección, como casi todo el libro, está puesto en la adicción del hombre, ya que son estos justamente los mayores consumidores de pornografía.

Nunca es gratis, no es inocuo, no es neutral. No podés ver *porno* y salir ileso, es como sumergirte en una pileta llena de agua y pretender mantenerte seco. La pornografía, lo quieras o no, lo creas o no, te guste o no... te afecta, te corrompe y te pudre.

Ver pornografía trae consecuencias que el placer inmediato que te genera oculta y niega (por lo menos por un tiempo); luego, como todo en la vida, termina aflorando. En la muchas veces desesperante búsqueda de placer, en la búsqueda de escaparle al dolor, las personas se entregan al oscuro mundo *porno* sin detenerse a pensar en las consecuencias que trae aparejada. Estas van desde la destrucción de la relación con Dios hasta la misma muerte. Los testimonios de familias destruidas, de ministerios arruinados y sueños rotos son incontables.

La pornografía vuelve esclavos a quienes corren a sus brazos, el mundo *porno* es una de las cárceles más grandes del mundo, y con planes de extenderse.

"*... ya que cada uno es esclavo de aquello que lo ha dominado*" (2 Pedro 2:19 NVI).

Ustedes dicen: "Se me permite hacer cualquier cosa", pero no todo les conviene. Y aunque "se me permite hacer cualquier cosa", no debo volverme esclavo de nada.
–1 Corintios 6:12 NTV

LA PORNOGRAFÍA DESTRUYE TU RELACIÓN CON DIOS

Es imposible sostener que estás bien con Dios mientras consumís pornografía; es una gran mentira. La pornografía destruye tu relación con Dios; es diabólica, punto.

Cuando entrás en este mundo oscuro, tu comunicación con Dios ya no es como en otro tiempo; las oraciones son eso, oraciones, actos religiosos. De hecho, tu pasión por Jesús y por las almas se va apagando paulatinamente, ya casi no lo buscás, salvo ante alguna situación particular (enfermedad de algún ser querido, pérdida de trabajo, etcétera). Sucesivamente vas perdiendo la sensibilidad espiritual, dejás de sentir eso que antes sentías, los momentos de adoración te parecen desabridos, vacíos, casi sin sentido. Los cuestionamientos son más frecuentes, tu fe comienza a flaquear, las predicaciones te parecen aburridas, cada vez que vas al culto/servicio te preguntás a vos mismo: ¿qué hago acá?

Comenzás a alejarte de las buenas amistades, de tus líderes y pastores. Perdés el interés por aquellas cosas que apasionan al Señor, gradualmente sentís cómo te vas apagando, oscureciendo y pervirtiendo. Tus pensamientos, intereses, actitudes, y acciones cambian.

Ya no experimentás su presencia, ni su poder, perdés el gozo, dejás de ser consciente de que Él está en vos y comienzan a aparecer las costumbres de tu vieja naturaleza. Esas cosas sobre las que habías tenido la victoria, gracias al Señor, parecen levantarse con más fuerza que antes; todo te cuesta el doble, tus ganas de luchar van menguando y aparece un fuerte deseo de rendirte al pecado, en todo sentido...

La pornografía te nubla, absorbe y bloquea. No te deja ver con claridad, cautiva tu vida, tus pensamientos y trunca tu desarrollo personal.

Te hace olvidar tu relación con Dios, con tu esposa e hijos. Poco a poco, paso a paso, va sacándote de la carrera. Muchas veces no ves los cambios hasta que estás en medio del chiquero y rodeado de cerdos.

Lo primero que Satanás intentará hacer es convencerte de lo glorioso, gratificante y necesario que es ver *porno*. Una vez que lo hacés, descarga sobre vos una tormenta de culpa y remordimiento. Te sentís sucio, hipócrita, avergonzado. Te ves cada vez más lejos de Dios, comenzás a creer no solo que Dios ya no te va a usar, sino que tampoco te va perdonar.

La pornografía destruye tu ministerio, te aleja del propósito, de tu llamado. ¿Con qué cara te parás frente a una congregación a hablar? ¿Cómo hacés para aconsejar sobre aquello que te tiene como esclavo? Sentís que llevás una doble vida.

La culpa y el remordimiento, cuando no llevan a la persona al genuino arrepentimiento, terminan por hundirla cada vez más profundo en el lodo. En este momento es importante decir que *del pozo se sale y el barro se limpia, las cosas pueden cambiar.*

Siempre podemos dar marcha atrás y ser restaurados.

LA PORNOGRAFÍA LE ABRE UNA PUERTA A SATANÁS

Cada vez que decidís consumir le abrís la puerta de tu vida al infierno, le das derecho y poder a Satanás para intervenir[1] en tu misma vida. El problema se profundiza habida cuenta de que este huésped indeseado va a intentar avanzar, ganar terreno y pudrir/corromper todo tu ser, tu esposa/o, tus hijos, tus relaciones, tu ministerio, etcétera.

Es fundamental entender que nosotros tenemos autoridad sobre el mundo de las tinieblas (Lucas 10:19-20, Mateo 10:1); pero, al mismo tiempo, somos nosotros quienes le otorgamos el lugar en nuestra propia vida a través de las decisiones que tomamos.

Estos lugares, terrenos, que cedemos, son espacios en nosotros donde se asientan/establecen/arraigan demonios y allí mismo generan fortalezas. Las fortalezas consisten en un sistema de pensamiento diabólico, argumentos falaces y eso que la Biblia llama "altivez"; es decir el orgullo que nos impide acercarnos a Dios con un corazón contrito y humillado. Todo esto opera de tal modo que se obstaculiza nuestro acercamiento a Dios, al tiempo que dejamos de creer y confiar en Él.

Desde esa fortaleza dirigida/influenciada por demonios se producen todos los argumentos falsos y el orgullo que va separándonos de Dios. Debemos derribar esas fortalezas y echar a sus malignos habitantes. Esto lo hacemos haciendo uso de las armas de las que disponemos (Efesios 6:10-17).

---

1 Queremos hacer una aclaración, no creemos en la llamada "posesión demoníaca", sí creemos en la influencia que tienen los demonios sobre los seres humanos.

Porque las armas de nuestra milicia no son carnales, sino poderosas en Dios para la destrucción de fortalezas, derribando argumentos y toda altivez que se levanta contra el conocimiento de Dios, y llevando cautivo todo pensamiento a la obediencia a Cristo.
– 2 Corintios 10:4-5 RVR60

El primer paso es pedirle perdón a Dios... y acá viene una excelente noticia: no importa lo que hagas, Dios siempre te va a perdonar y no te condena (1 Juan 1:9, Romanos 8:1), aunque eso no es una luz verde al pecado (Romanos 6:1-2):

"Dios, te pido perdón por ofenderte, por ver pornografía aun sabiendo que eso me alejaba de vos".

Tenés que hacer visible/consciente el argumento falaz, la mentira.

- Necesito satisfacerme con pornografía.
- Después de todo, soy humano... nadie es perfecto.
- Nadie puede luchar contra esto.
- Es la única manera de sentirme bien.
- No me queda otra opción, si mi esposa no me "atiende".

Luego de pedir perdón, es necesario renunciar a esa mentira, al poder y derecho que le otorgaste a Satanás sobre tu vida; asimismo debés renunciar a la pornografía:

"Renuncio a todas las mentiras que me creí, a los argumentos que traían oscuridad y condenación a mi vida. Renuncio al hecho de darle poder y derecho a Satanás sobre mi vida, mi sexualidad, mis pensamientos. Renuncio a la pornografía".

En esta oración también tenés que someterte a Dios, someter tus pensamientos y declarar su verdad para tu vida.

"Dios, me someto a vos, a tu voluntad. Quiero que seas el único dueño de mis pensamientos. Soy una persona perdonada, libre, amada y valiosa. No necesito de la pornografía, tu presencia en mí es más que suficiente".

No debemos dar ni un milímetro de ventaja; las tinieblas no tienen que hallar cabida. Debemos cerrar todas las puertas para quitarle el derecho a actuar sobre nosotros. Pablo le escribe a lo efesios lo siguiente:

Por lo cual, desechando la mentira, hablad verdad cada uno con su prójimo; porque somos miembros los unos de los otros.
Airaos, pero no pequéis; no se ponga el sol sobre vuestro enojo, *ni deis lugar al diablo.*
El que hurtaba, no hurte más, sino trabaje, haciendo con sus manos lo que es bueno, para que tenga qué compartir con el que padece necesidad.
–Efesios 4:25-28 RVR60

Si no echás a este intruso y cerrás la puerta, poco a poco va a ir destruyendo tu vida. Me imagino que no está en tus planes que tus hijos sean adictos a la pornografía... Tus decisiones no te afectan solo a vos, tus decisiones son herencias. Para que tus hijos tengan una buena herencia, trabajá desde ahora. Echá al intruso, sacale los derechos y el poder. Cerrá la puerta.

LA PORNOGRAFÍA AFECTA TUS EMOCIONES

Para aquellos que somos cristianos, el consumo de pornografía es fatal. Ningún cristiano en su sano juicio puede argumentar a favor del consumo de esta basura. Por eso aquellos que, pese a la insistencia del Espíritu Santo, deciden (por supuesto, voluntariamente) ver *porno* se sienten realmente sucios, hipócritas, avergonzados. Sienten que llevan una doble vida: una careta para la iglesia y la verdad en la intimidad.

La culpa que experimentan los aplastan, los pone en un estado de parálisis espiritual, en muchos casos ni siquiera se animan a pedirle perdón a Dios, se les cae la cara de lo avergonzados que se sienten.
Para aquellos que caen vez tras vez, se apodera de ellos un fuerte sentimiento de fracaso; perder esta batalla cada vez que se ven tentados va socavando su confianza en sí mismos. La frustración de nunca poder experimentar más de un cierto tiempo sin ver *porno* es terrible, y las ganas de seguir peleando simplemente se esfuman...

- ¿Para qué seguir intentando?
- Soy un verdadero desastre
- Jamás voy a salir de esto

Este constante tropezar y perder por goleada todos los partidos no hace más que aniquilar el respeto y la confianza en vos mismo. Muchos adictos experimentan, luego de masturbarse, un odio extremo hacia sus propias vidas; este, en muchos casos, deriva en un fuerte impulso por terminar con sus vidas.

La depresión es muy común en los adictos, incluso los pensamientos suicidas. En un estudio en E.E.U.U. se descubrió que el 75% de ellos pensó seriamente en suicidarse.

En la previa al consumo existe una expectativa altísima respecto a lo que suponés que la pornografía va a darte. Sin embargo, es luego de efectuar el consumo cuando corroborás rápidamente que todas esas expectativas estaban arraigadas a la nada misma y que, lejos de mejorar, tu situación se agudiza.

Si el detonante fue una angustia muy grande, esta misma angustia luego del consumo se magnifica. Tu estado posterior resulta siempre peor al inicial. Si un mal día y un gran enojo fue el detonante, como ya habrás notado, la pornografía no ayudó en nada al mejoramiento de tu realidad.

Con cada consumo se refuerza el ciclo, con cada consumo se afianza la idea de que no vas a salir de esta oscura y sucia cueva.

Luego del consumo, aquella razón inicial/excusa/detonante que te arrastró al mundo porno se hace más grande. La tristeza, soledad, angustia, enojo, etcétera, se incrementa. La espiral depresiva se acrecienta, se nutre de sí misma robusteciéndose, haciéndose implacable y ganando en tu mente la imagen de invencible. En un mismo movimiento, en una misma jugada, la pornografía se posiciona en tu mente como un verdadero gigante, como un invencible, y la imagen de vos mismo se reduce a la de una cucaracha. Y llegan esos pensamientos:

Soy la peor basura del mundo.

Nada me sale bien.

Para lo único que sirvo es para ver *porno* y masturbarme.

Es más fuerte que yo.

Nunca voy a cambiar.

Con tu autoestima por el piso, se profundiza el complejo de inferioridad y terminás perdiendo la dignidad. Te rendís, te entregás, te encerrás. Te negás a toda posibilidad de cambio, bloqueás la ayuda externa, disimulás tu condición.

Cuando las personas que te quieren se acercan a vos y te preguntan "¿Cómo estás?", repetís una y otra vez: "Todo bien, ¿vos?". Casi te odiás al escucharte, aunque ya te estás acostumbrando... Después de todo, todos tienen un poco de barro, ¿no?

El placer que se experimenta con el consumo es realmente efímero, de corta duración. Luego, y como es de prever, todo el malestar vuelve. De hecho, el adicto solo se siente relativamente bien en el momento en que mira *porno;* el resto del tiempo se siente generalmente mal, de allí derivan dos cuestiones:

- Una es la maximización del placer dilatando el tiempo del ritual y el tiempo de consumo (ver más tiempo antes de eyacular, "disfrutar", "aprovechar").
- Y la otra es la vuelta compulsiva al consumo, buscar desesperadamente tener ese instante de placer/alivio.

Antes de consumir se instala en tu mente la promesa *porno* que seduce tu alma necesitada: ella dice suavemente a tu oído que va a calmarte, a contenerte, darte alivio, descanso y éxtasis total. Te va a hacer sentir deseado, el rechazo desaparecerá y por fin serás amado, serás el protagonista potente de una historia lujuriosa. Pero la ilusión termina con la eyaculación. Ese escondite/refugio se desploma, y volvés a estar vos y la insoportable culpa.

Pretender calmar el sufrimiento con *porno* es como querer bajar de peso comiendo chocolate y papas fritas. Sin sentido, ¿no?... Así somos.

Debo ser satisfecho

La pornografía planta y afianza la idea de que debo ser satisfecho, la vida debe otorgarme placer. Esto cala hondo en determinadas personas que no toleran la frustración, el dolor, el rechazo. Yendo un poco más allá, para los adictos, lo placentero se encuentra vinculado a la pornografía, los momentos "felices" son aquellos en los que se consume; por otro lado los dolores se superan con *porno*, la soledad desaparece con él. Debo tener *porno.* ¡Lo necesito!

En este proceso de dependencia, la persona se transforma en una esclava de sus deseos, dolores y vacíos. Con el transcurso del tiempo va perdiendo la capacidad de sobrellevar los distintos acontecimientos de la vida sin la intervención del *porno.* Cualquier dolor debe ser anestesiado, los inconvenientes deben ser resueltos inmediatamente. La persona no puede sobreponerse, ni procesar las dificultades, necesita drogarse; esta "discapacidad" emocional la vuelve totalmente vulnerable frente a la vida. Progresivamente, se transforma en una persona de voluntad débil e inmadura que vive en función de su propia satisfacción.

El adicto siente que no puede soportar lo que vive, pero al mismo tiempo no quiere hacerlo, no quiere soportarlo. Se altera su estado de ánimo, se desespera, su humor se descontrola y aparece la urgente necesidad de satisfacción.

Se activa la realidad paralela, el micromundo donde solo rige la regla del placer ilimitado, sin freno, sin control.

La pornografía te aísla

En la búsqueda de maximizar el placer y minimizar el sufrimiento, se produce el aislamiento. En algunos casos los adictos prefieren la seguridad del mundo *porno* que arriesgarse a la incertidumbre de una relación real.

Una persona real puede rechazar, engañar, abandonar, lastimar. El mundo *porno* ofrece placer sin dolor. Y si bien el adicto sabe en lo profundo de su ser que la pornografía no cumple sus promesas, aun así la prefiere. Muchos adictos que se encuentran casados también manifiestan preferir la seguridad del placer *porno* a la decepción que dicen experimentar en su intimidad con su esposa y de esta manera se produce un distanciamiento progresivamente más grande. Más adelante trabajaremos este tema.

LA PORNOGRAFÍA MODIFICA TU MANERA DE PENSAR Y DE ACTUAR

El doble condicionamiento hacia la búsqueda de maximizar el placer y minimizar el dolor, encierra al adicto en un constante aquí y ahora centrado en sí mismo. Bloquea su capacidad de ver las consecuencias. El pensamiento/creencia que se arraiga fuertemente es: "la vida debe satisfacerme, no puedo ni debo postergar lo que quiero, siento y deseo".

El resultado natural de lo anterior se ve plasmado en la modificación de la forma en la que piensa y actúa la persona. En muchos casos no modifica la manera de pensar, sino que la crea/forma/modela. Ya que para aquellos que se iniciaron en el consumo de pornografía desde edades muy tempranas (la edad promedio en la que se inician en este oscuro mundo es los diez años), la gran parte de la información que tienen acerca del sexo la recibieron del mundo *porno*.

Si la situación no se revierte, para el año 2050, el 95% de la población mundial habrá sido educada en materia sexual por el mundo porno.

Todo lo que sé de sexo, lo sé gracias a este mundo...

Existe toda una corriente que sostiene que el *porno*, habida cuenta que es una realidad cotidiana e inevitable, debería ser utilizado para la formación sexual de los niños. En nuestro país hay una gran cantidad de personas que promueven la utilización de pornografía para educar sexualmente a los alumnos en las escuelas.

La pornografía crea una imagen de la relación sexual errónea, diabólica. Modifica la forma en la que ves el sexo. El mundo *porno* nos educa, el sexo desde esta mirada es meramente instrumental, pragmático, mecánico, descomprometido y violento. Esto lleva a ver a las personas como objetos, cosas al servicio de la insaciable lujuria. Como ya es sabido, la inmensa mayoría del material está elaborado para la satisfacción del hombre, de hecho se crea a partir de las fantasías sexuales de los hombres. Como resultado de ello, los niños/adolescentes aprenden a muy temprana edad de esta distorsión diabólica de la intimidad sexual. Sexo para placer del hombre, mujer objeto, autosatisfacción como único objetivo, naturalización de la inmoralidad.

La imagen de la mujer se transforma así en la de un instrumento, aquellos que ven este tipo de materiales jamás lo ven pensando en que las actrices son personas. Por supuesto, mucho menos se las ve como hermanas, madres, hijas... Son cosas, objetos. Son cuerpos sin historia, sin familia, sin problemas ni preocupaciones, sin esperanzas ni sueños. La pornografía pervierte la forma de ver y tratar a las mujeres al tiempo que potencia las propias fantasías sexuales.

Vida pornificada

La influencia *porno* opera de tal manera en la vida del adicto, que pierde el control de lo que ve y piensa. Controlar sus ojos es realmente una proeza, estar en algún espacio social (y sobre todo en verano) es una enorme tentación y un gran peligro, peligro de ser pescado con los ojos en el cuerpo de alguna señorita. Por otro lado, las fantasías sexuales irrumpen en su vida, le sobrevienen, lo atraviesan en la cotidianeidad. No importa lo que esté haciendo, o con quien esté hablando, sus pensamientos se ven inundados de forma constante de imágenes/escenas. Aquellos que ya están muy comprometidos con el *porno* no pueden manejar sus pensamientos, cualquier cosa los activa, incluso en momentos no convenientes.

De la vida real

Ezequiel, un joven con quien tuve una serie de charlas, me contó lo siguiente en el contexto de una entrevista donde estábamos tratando el tema de su adicción a la pornografía: "Cuando salimos con amigos y se hace tarde, siempre llevo a alguna de las chicas a su casa". Ante ese comentario le hice la pregunta obvia: "Eze, ¿con cuántas de tus amigas te acostaste?". Por supuesto que se sintió un tanto ofendido con la pregunta, pero insistí... Como era de esperarse me dijo que con ninguna de ellas, pero no estaba entendiendo a dónde quería ir con la pregunta. Entonces, señalándome la cabeza, volví a preguntar: "¿Con cuántas te acostaste?".

Y ahora sí, la respuesta fue durísima: "Con todas".

Ezequiel se acostaba en su mente con todas sus amigas, no podía controlar sus pensamientos cada vez que llevaba a una chica en su auto.

Para el adicto la vida está pornificada. Todo se traduce a sexo. Cada gesto, cada comentario, todo puede ser convertido en erótico en su cabeza. El sexo está presente en cada ámbito de su vida, es central. Tiene la mirada absolutamente condicionada/filtrada por lo pornográfico; los vínculos, las charlas, están teñidas por lo sexual, no puede dejar de imaginar situaciones, escenas, posibilidades y todo en segundos. Todo sucede de manera simultánea; puede charlar perfectamente de cualquier tema mientras pasa el "escáner" en los pequeños descuidos, y cuando su amiga se distrae... izas! Pasó el escáner. No puede dejar de ver "cuán buena está".

Aquellos que están infectados con este virus se encuentran incapacitados de establecer una relación normal/sana con alguien del otro sexo.

En estos casos el tiempo, a menos que exista un tratamiento, funciona como un agravante. El sexo y consumir *porno* deviene central, imprescindible, urgente y obsesivo. Se busca el placer a toda costa, es el objetivo, lo no postergable.

La pornografía **entrena/prepara/condiciona** el cerebro para **ver/aceptar/necesitar/demandar** determinadas prácticas **extremas/oscuras/perversas**, de manera tal que aquellas cosas que en un principio se consideraban aberrantes y que afectaban de forma negativa, ya no solo no afectan, sino que no se ven como prácticas aberrantes. Es más, vos podés disfrutarlas y practicarlas sin un ápice de culpa o vergüenza.

El hombre *porno*

El hecho de que la pornografía afecte la manera de pensar y actuar tiene algunas implicancias realmente devastadoras para la sociedad, y una de ellas es la creación de un nuevo sujeto social: *el hombre porno.* La pornografía no solo crea prácticas sexuales perversas, además, genera un tipo de persona que disfruta de la degradación de la mujer, que siente placer con su sometimiento y humillación.

Esta nueva creación, *el hombre porno,* no acaricia, golpea. No besa, asfixia. No abraza, solo penetra. Para *el hombre porno,* la violencia, el sometimiento, la humillación pasa de ser mero placer a convertirse en necesidad. Es incapaz de disfrutar la intimidad de manera sana, el sexo sin perversión sabe a nada.

Este hombre mantiene una relación sexual que no incluye el factor afectivo/amoroso/romántico; se enfoca estrictamente en su placer descartando de plano la existencia de otro ser humano capaz de sentir y disfrutar de esa experiencia. Se limita al aspecto físico y más específicamente, su vínculo con "eso" está acotado a determinadas partes de su cuerpo (boca, pechos, ano, glúteos, vagina).

La relación *del hombre porno* es con partes del cuerpo, de allí que es una relación despersonalizada, deshumanizada. De las pocas expresiones que admite, es la del gozo explicitado en gritos y jadeos que sirven para la propia gratificación, la del sufrimiento causado por determinadas prácticas, o tal vez la de contemplar la dominación y sometimiento manifestado en los gestos de ese objeto/mujer.

LA PORNOGRAFÍA DESTRUYE TU MATRIMONIO

En estos años (2013-2018) hemos recorrido todo el país con los talleres de **evae** y últimamente también con los de **La verdad sobre la pornografía**. Si bien no tenemos estudios acerca del tema, una de las cosas que notamos en este tiempo es que la realidad de muchos matrimonios jóvenes (cristianos) en materia de intimidad sexual es realmente triste. No vamos a ahondar en el tema, simplemente haremos algunos breves comentarios.

Matrimonios jóvenes, menores de cuarenta años que tienen intimidad sexual una vez cada treinta días; mujeres que nunca experimentaron un orgasmo; hombres que eyaculan antes de que su esposa alcance el éxtasis; mujeres que se sienten abusadas por sus propios esposos; hombres que prefieren la pornografía antes que a sus esposas; etcétera. Son muchos los casos de matrimonios que no disfrutan del hermoso privilegio de estar casados.

Si bien los problemas en la intimidad no se circunscriben estrictamente a cuestiones de consumo de pornografía, sí podemos afirmar que su paso nunca es neutral. Siempre deja huella.

Pérdida del deseo sexual con la esposa

El mundo *porno* produce en los hombres expectativas irreales respecto al acto sexual. Van al encuentro de su esposa cargados de deseos, ideas y planes, todos ellos estimulados por lo visto y aprendido en este oscuro mundo. Pretenden vivir con su esposa su propio video; pero no solo eso, quieren que ellas sean como las desinhibidas actrices *porno* (no es un detalle menor el hecho de que sean actrices, ergo, *actúan*...).

Quieren esposas con cuerpo *porno*, que tengan "actitud", que sean fogosas, atrevidas, incluso perversas. Mujeres que siempre estén a disposición, listas y preparadas para la acción, que estén deseosas de todo tipo de prácticas y con una sed inagotable de sexo. Esperan con ansiedad y desesperación que ellas los deseen constantemente, que cualquier momento sea propicio y siempre gocen de manera extrema; por supuesto, con orgasmos espectaculares.

Ellos quieren estrellas *porno*. Pero tienen una mujer real. Las mujeres *porno* son seleccionadas en función de ciertos parámetros/ requisitos estéticos que la enorme mayoría de las mujeres no cumplen. Es más, esto también tiene que ver con otras cuestiones: su alimentación y entrenamiento (es su trabajo, tienen que estar perfectas), la edad, la mayor parte de las estrellas del mercado son muy jóvenes, y cuando dejan de serlo son descartadas habida cuenta que ya no dan la talla.[2]

En comparación con lo visto en los videos, la mujer real se ve claramente desfavorecida; las mujeres *porno* no tienen estrías ni celulitis, todo está en su lugar, firme y con gran volumen.

La basura *porno* educa, y el hombre aprende. El problema es que, lo que aprende, es una versión distorsionada en relación a aquello que Dios planeó para la intimidad. Lo visto no es aplicable al mundo real, no va a dar el resultado esperado.

Tomar a tu esposa por la fuerza y tocarla (en realidad el término que mejor se ajusta sería "manosearla", ya que tiene una connotación lujuriosa), esperando que eso la encienda al instante no es lo que en la mayoría de los casos sucede... pretender intimidad sexual sin romanticismo previo, sin un abrazo, sin un beso, sin darle tiempo al disfrute, a los "mimos", es el resultado del aprendizaje *porno*. Sexo sin amor, sexo mecánico, sexo lujurioso.

Por otro lado, en el momento de la intimidad, aquellos que fueron influenciados por la escuela *porno* buscarán llevar a la práctica lo aprendido durante las vastas horas de clase. Para decirlo claramente,

---

2 No todas las mujeres que forman parte del mundo *porno* responden a estos parámetros, hacemos referencia a la generalidad. Hay mujeres para todos los gustos, mujeres que tal vez no respondan al estereotipo de la mujer bella y exuberante que representa la estrella de dicho mercado.

en la relación sexual el hombre intentará tener (por ejemplo) sexo anal –práctica sin la cual, él considera que la relación no es lo satisfactoria que debería ser–; pero en la misma dinámica de la relación, la mujer esquivará de manera indirecta o de forma contundente que el hombre avance en su intención. Por supuesto, la situación se volverá cada vez más tensa.

Ya sea que la mujer acceda o se niegue, algo en la intimidad se ve dañado. Frente a esta situación la mujer será reticente a nuevos encuentros sexuales y perderá progresivamente el interés. Por otro lado, el hombre se sentirá rechazado, insatisfecho y frustrado.

Las altas expectativas generadas por la ficción *porno* se chocan con la realidad. En la vida real, no siempre hay deseo constante; hay momentos y momentos. Existen situaciones normales de la vida que influyen en la intimidad, cuestiones biológicas, psicológicas y contextuales que entran en juego. Todo esto que es normal, la escuela *porno* lo elimina, no lo contempla. Para este mundo basta una mirada para que arda la pasión. Y justamente eso es lo que espera vivir quien consume estos materiales. De allí la obvia frustración y la vuelta al consumo. Así comienza el círculo vicioso.

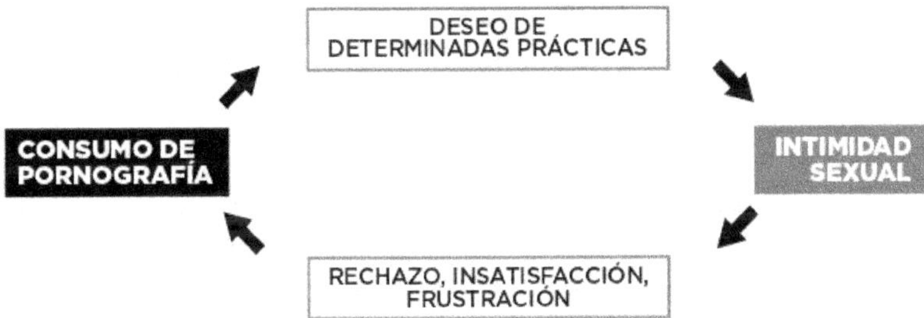

La pornografía es la posibilidad del goce sin sufrir rechazo, es placer sin esfuerzo, gratificación en el momento deseado. Ella siempre le "pone onda", nunca está cansada ni de mal humor, no tiene dolores ni ardores, no se indispone, no se enoja. Siempre está dispuesta, apasionada y siempre quiere más. No pide nada, no debés bañarte, lavarte los dientes o afeitarte. No necesitás ser romántico, no necesitás nada. Sentate y gozá...

Mensaje *porno* para vos...

Tu esposa no te satisface, parece no desearte, se niega, no te disfruta. Acá estoy, yo te doy todo lo que tu esposa no puede darte, hago todo lo que me pidas, siempre estoy dispuesta, fogosa, entregada, sedienta de vos. Dejá a tu esposa. ¿Para qué seguir intentando? ¿No ves que no le importás? ¿No te das cuenta que cuando terminás, lejos de estar pleno, feliz y satisfecho estás enojado, con bronca y frustrado...? ¿No es más sencillo entregarte a mí? Yo no te pido nada, y te ofrezco todo lo que soñás. Sin esfuerzo, sin demandas, sin demora...

Frente a todo lo dicho resulta fundamental hacer algunas aclaraciones: bajo ningún punto de vista estamos sugiriendo que las mujeres son frígidas *per se* o que no están a la altura de las circunstancias. Lejos de eso, ellas tienen el mismo deseo y pasión que los hombres, pero la forma en la que se "activa" la pasión no tiene nada que ver con lo que muestra la escuela *porno*. La mayor satisfacción sexual real, tanto en hombres como en mujeres siempre está relacionada al amor; este supera infinitamente a la lujuria. El placer alcanzado en la intimidad sana no tiene punto de comparación con la propuesta distorsionada del mundo *porno,* la supera ampliamente. La mejor manera de garantizar plena intimidad es amar.

La pornografía rompe el corazón de tu esposa

Lo que el esposo lleva a la cama matrimonial, producto de su aprendizaje en la escuela *porno,* no hace más que distanciar y enfriar la relación; lejos de sumarle un condimento sabroso, pudre la intimidad.

El descubrimiento, por parte de ella, del consumo de pornografía en su esposo, la afecta de manera significativa. Esto es vivenciado lisa y llanamente como engaño, ¡y de hecho lo es!

"Pero yo digo que el que mira con pasión sexual a una mujer ya ha cometido adulterio con ella en el corazón" (Mateo 5:28 NTV).

Cuando ves *porno,* le estás dando un mensaje muy claro y contundente:

- Me excito con otras mujeres, me encanta verlas, las disfruto.
- No me alcanza con vos, no me excito con vos.
- Las prefiero antes que a vos.

En un estudio en Estados Unidos se comprobó que el 58% de los divorcios se debieron a que uno de los cónyuges era adicto a la pornografía por Internet.

En otro estudio se llegó a la conclusión de que la pornografía incrementa en un 300% la probabilidad de infidelidad.

No hay manera de disfrazar este hecho, no hay flores que alcancen ni frases románticas que compensen. Tu pasión, atención, disfrute y corazón se fueron con ella, la tentadora pornografía.

Tu esposa, entonces, pierde toda la confianza, su corazón se rompe; la engañaste. La inseguridad se apodera de ella y surgen las preguntas; ¿hasta dónde habrá llegado? ¿Se habrá acostado con otra? Esta situación por supuesto que se traslada a la cama matrimonial; cuando tengan relaciones se preguntará: ¿estará conmigo o fantaseando? En esos momentos y frente a determinados comportamientos será inevitable que se le crucen ciertos pensamientos...

Ante el consumo de pornografía la intimidad se verá afectada; no esperes estrellitas y luces de colores. Ella estará lastimada, todo se grabará en su corazón, la confianza se perderá y la desconfianza se trasladará a todos los ámbitos. Restaurar la confianza puede llevar años; pero perderla es fácil, basta con un *touch*.

Con el tiempo, si la situación no se revierte, el enojo hacia vos lo transferirá a ella. Comenzará a sentirse culpable, ya que como mujer no fue suficiente; sentirá que no puede competir contra las "otras" mujeres *porno*.

Tu adicción la rompe, tu herida la destruye.

Cuando elegís la pornografía la hacés sentir rechazada, desvalorizada, no respetada, usada, cosificada, traicionada, avergonzada, violentada, lastimada, abusada. No amada.

Tomate unos segundos, volvé a leer lo anterior, y pensá.

Son muchísimos los testimonios de mujeres que sienten que sus esposos abusan de ellas, muchas se cierran a la posibilidad de disfrutar y simplemente se entregan de vez en cuando para que su esposo "descargue". Es realmente muy triste escuchar los comentarios que nos hacen entre lágrimas personas que perdieron toda esperanza de una relación de amor, cariño y respeto. Se limitan a sobrellevar su realidad.

De la vida real

Micaela, de veintiocho años, nos contó que su esposo era adicto a la pornografía, que su adicción llegó al punto de acostarse en la cama junto a ella y ver porno hasta quedarse dormido. Micaela, una vez por mes aproximadamente le entregaba su cuerpo a su esposo para que "hiciera lo que quisiera". Por supuesto que ya estaba totalmente resignada.

Norma, de sesenta años, se acercó entre lágrimas y nos confesó su lamentable historia. Ella tenía deseos de tener intimidad, pero su esposo cuando la buscaba lo hacía sin ningún tipo de afecto, solo la "manoseaba" y luego "quería ir a los bifes". Ella nos decía que quería por lo menos un abrazo, un beso... pero no... La decisión que tomó fue bloquearse a todo tipo de placer y cada cierto tiempo dejaba que su esposo la "agarrara", "así no me molesta más". Ella sabía que su esposo miraba pornografía.

La pornografía muestra a una mujer que desea ser penetrada, que siempre está dispuesta, que disfruta de ser tratada con violencia, etcétera... Pero tu esposa quiere ser amada.

La pornografía plantea una relación sexual que excluye a Dios

La pornografía arruina la intimidad; deja de ser tridimensional – alma, cuerpo y espíritu–, para limitarse a una sola dimensión: el aspecto físico, solo el cuerpo. La pornografía mata la comunicación, tiñe el ambiente familiar, genera discusiones frecuentes, distancia al matrimonio y apaga la pasión.

En el caso de los hombres, anula los deseos normales y sanos; la intimidad sana no solo se imposibilita, sino que aun siendo, no es disfrutable. El *porno* despierta un deseo descontrolado por conductas sexuales denigrantes, deshonrosas, incluso dolorosas.

Se produce así un corto circuito en el matrimonio; una vez que el componente amoroso deja lugar a lo puramente lujurioso, físico, la relación comienza a morir.

Espiral de alejamiento
- Consumo de pornografía.
- Deseo de prácticas no sanas.
- Rechazo a prácticas no sanas, expectativas incumplidas.
- Frustración, deseo de pornografía.
- Aumento de perversión.
- Distanciamiento entre las expectativas y lo real.
- Más frustración, más pornografía para compensar.
- Más alejamiento...

LA PORNOGRAFÍA TE VUELVE INSENSIBLE

Una de las consecuencias más peligrosas es que la pornografía te vuelve progresivamente más insensible. Esta insensibilidad se manifiesta en diferentes aspectos de la vida; te vuelve insensible hacia los demás, hacia sus sufrimientos. Bloquea tu capacidad de empatizar, de ponerte en el lugar del otro, su dolor no te afecta. Te vuelve insensible hacia Dios, su presencia, su Palabra. La pornografía te vuelve insensible hacia el mismo placer; es decir, necesitás consumir materiales más perversos para poder experimentar el mismo placer.

La violencia, por ejemplo, en la relación sexual es una de las consecuencias del uso del *porno*. ¿Cómo es que alguien puede llegar a golpear a su esposa durante un momento que se supone de intimidad, cariño, dulzura y amor? ¿Qué es lo que le pasó a esa persona para llegar a ese punto? La adicción lo fue llevando poco a poco, paso a paso, a destruir su moral, a perder la empatía. Fue gradualmente volviéndose insensible, escalando y creciendo en su perversión.

Escalada, subiendo de nivel

El grado de satisfacción que alcanzaba con determinados materiales fue disminuyendo y paulatinamente se hizo necesario comenzar a probar contenidos "más fuertes" porque ya no *sentía* el mismo placer, ya no era *sensible* a esos estímulos. Era necesario subir de nivel...

La adicción y la pérdida de sensibilidad lo conducen a hacer cosas que jamás pensó que podría hacer. El otrora "simple placer en línea" deviene ahora en una terrible, insaciable e irrefrenable adicción.

La necesidad, la angustia y la desesperación lo movilizan hacia la ejecución de actos verdaderamente depravados y, más peligroso aún, sin la existencia de una luz roja que ponga un freno. La línea de lo moral más que desplazarse, casi diríamos que se borró. ¿Dónde está el límite? ¿Hasta dónde ir? Lo bueno y lo malo, como categorías esenciales, se diluyen en el mar de la lascivia y en el abrumante deseo de satisfacción.

El exceso y desenfreno son ley, ya no alcanza con el material que se consume y entonces emerge una necesidad apremiante de llevar a la práctica, de revivir en carne propia las escenas más oscuras, morbosas, degradantes y degeneradas. Se desespera por dar rienda suelta a su imaginación, por desatar completamente la lujuria, por abrirle la jaula a la bestia.

Queremos recalcarlo: lo más aterrador es que la pérdida de sensibilidad vuelve muy difusos los límites de lo moral e inmoral, lo bueno y lo malo. Lo que en un principio resultaba inaceptable/inconcebible/irracional, ahora se acepta, desea y se busca.

Nadie se inicia en este oscuro mundo pensando en consumir pornografía infantil o ser un abusador sexual. Pero luego de estar un tiempo internado en esta cárcel todo cambia, los pensamientos cambian, las emociones cambian, los deseos cambian.

La línea imaginaria que se traza, luego de un año de consumo, se desdibuja, corre o desaparece… Pasados los años de consumo, el adicto, no solo podría ver y justificar un abuso, podría ser el abusador.

Sucedió en etapas, poco a poco, mi experiencia con la pornografía en general; pero con la pornografía que presenta un nivel alto de violencia sexual, una vez que te vuelves adicto a ella –y esto lo veo como una especie de adicción igual que otros tipos de adicción–, comienzas a buscar todo tipo de material con cosas más potentes, más explícitas, más gráficas. Hasta llegar a un punto en el que la pornografía va tan lejos que comienzas a preguntarte cómo sería hacerlo en realidad.

–Ted Bundy, violador y asesino serial

LA PORNOGRAFÍA CORROMPE A LAS PERSONAS

"Miente, miente, miente, algo quedará" (J. Goebbels).

La repetición constante, y ubicua de determinados contenidos, los "ecos" de esos mismos contenidos asimilados, procesados y retransmitidos por las personas con las que nos relacionamos, y la misma cultura, establecen una especie de cerco o sistema formador de ideología.[3] El contexto en el que nos formamos (personas, medios, redes, instituciones, el lenguaje, la cultura, etcétera) tiene una poderosísima y directa influencia sobre nosotros.

Del libro de **evae** sacamos el siguiente fragmento:

Los jóvenes y adolescentes se encuentran tironeados entre lo deseado, que a su vez es reafirmado por sus consumos, y la voluntad de Dios. Esta lucha, por supuesto y principalmente, es espiritual, pero también es cultural, y es importante entender lo significativo de su influencia, ya que la cultura **legitima** al deseo, lo **estimula** y **justifica**.

Legitima, en cuanto a que lo deseado se transforma en lícito por el simple hecho de ser deseado.

Estimula, ya que se promueve de forma explícita e implícita el consumo de contenidos eróticos y el uso de las personas para la propia satisfacción.

Justifica, debido a que lo deseado encuentra su raíz en una necesidad humana real, "impostergable" y natural.

---

3 Ideología como forma de ver y comprender el mundo

Así es como la escuela *porno* repercute de manera directa en la precoz iniciación sexual. Las personas que consumen pornografía comienzan su vida sexual a una edad más temprana que el resto de las personas; al mismo tiempo, el índice de personas que tuvieron relaciones sexuales antes de casarse es más alto en las personas que consumieron este tipo de material. Existe una relación directa entre el consumo de este y el inicio de la vida sexual.

De aquellos que ven pornografía de forma muy esporádica (una vez por año) o que nunca consumieron, el 38% mantuvo relaciones sexuales no estando casado.

Mientras que de aquellos que ven mínimamente una vez por mes, el 59% mantuvo relaciones sexuales no estando casado.[4]

La pornografía forma, educa, modela; luego, una vez que la persona fue corrompida con su influencia, acepta, naturaliza, realiza y promueve una multiplicidad de prácticas que son el reflejo perfecto de la intención del infierno. Solo para dar un ejemplo, el consumo de pornografía afecta directamente en la "idea/deseo" de abusar de alguien.

De aquellos que ven pornografía de forma muy esporádica (una vez por año) o que nunca consumieron:
- El 9,4% pensó en algún momento de su vida abusar sexualmente de alguien.

Mientras que, de aquellos que ven mínimamente una vez por mes:
- El 18,6% pensó en algún momento de su vida abusar sexualmente de alguien.

Más terrible aún es que de aquellos que ven mínimamente cinco veces vez por semana:
- El 22,5% pensó en algún momento de su vida abusar sexualmente de alguien.

La pornografía va legitimando ciertas conductas, a la persona y, como decíamos anteriormente, haciendo cada vez más difusos los límites.

Ciber sexo

De aquellos que ven pornografía de forma muy esporádica (una vez por año) o que nunca consumieron:
- El 15% tuvo ciber sexo.

De aquellos que ven mínimamente una vez por mes:
- El 34,5% tuvo ciber sexo.

---

4 Los encuestados son cristianos evangélicos – JEBA 2016.

LA PORNOGRAFÍA TE HACE SOCIO Y COLABORADOR DEL MISMO INFIERNO

Quizás no lo sepas, pero cada movimiento que hacés en el mundo virtual queda registrado, dejás marcas que van configurando un perfil de consumidor. El mundo del *marketing* fue perfeccionando herramientas que les permiten a las grandes empresas llegar a las personas de forma particular, la forma de segmentar los mercados es completamente dinámica, cambiante, y esto forzó a los expertos en esta materia a elaborar formas de llegar de manera precisa al escurridizo consumidor. El problema está en que estas herramientas están también al servicio de la industria *porno,* que en pos de mantener su negocio a flote buscan de manera permanente fidelizar/cautivar a sus clientes y, por supuesto, obtener nuevos.[6]

¿Cómo lo hace? Conociéndolos, conociendo sus gustos y preferencias. Las herramientas tecnológicas actuales les permiten saber con gran precisión quiénes son sus clientes y cuál es su "perfil". Con cada clic/*touch* que hacés das un mensaje directo, claro y contundente: esto es lo que me excita, esto es lo que quiero, esto es lo que necesito. Y el mundo *porno* va a satisfacerte.

Seamos claros, cuando entrás a esas páginas y vas al menú a elegir tu "comida del día", estás diciéndole a la industria *porno* qué es lo que te gusta "comer".

El menú es realmente muy variado, pero –y acá está lo interesante- el menú lo formamos y reafirmamos nosotros con nuestras elecciones.

Cada vez que elegís, por ejemplo, *teen* le estás pidiendo al mundo *porno* que extraiga del seno de una familia a una niña para que vos puedas "disfrutarla" viéndola hacer lo que soñás. Esa niña jamás volverá a ver su familia, sufrirá el resto de su vida y probablemente muera o se suicide tiempo después. La familia cargará con la incertidumbre y el dolor por siempre.

¿Sabés lo que significa para un padre o una madre perder un hijo fruto de un secuestro? Cuando decidís hacer un clic o un *touch* en esas páginas te transformás al instante en cómplice de esto. Sumás tu granito de arena.

El mundo *porno* se nutre de la trata de personas, verlo es ser socio y colaborador de la trata. Imaginate por un instante que te arrancan a tu hija de diez años y la esclavizan en este mundo.

---

6 *"Los esfuerzos actuales del mundo porno están en lograr hacer crecer el segmento de consumidores menores de doce años, de hecho del 20 al 30% de su audiencia son niños"* (Josh McDowell).

Por último, ¿a que no sabés quién está detrás del movimiento que busca legitimar la pedofilia? Así es... el mundo *porno* es quien financia a estos grupos.

LA PORNOGRAFÍA ES ALTAMENTE ADICTIVA

Actualmente se está comenzando a estudiar el fenómeno de la adicción a la pornografía. Uno de los primeros hallazgos fue comprobar que el grado de adicción a esta era similar al que tienen los adictos a la cocaína. Una de las diferencias es que, en el caso de la pornografía, no existe la muerte por sobredosis. Esto significa que no hay límites para el consumo; de hecho hay casos de personas que consumen este veneno durante varias horas al día.

El ciclo de la adicción comienza por el placer que genera, la pornografía excita de manera exagerada el sistema de recompensa del cerebro liberando un neurotransmisor llamado dopamina. Esta experiencia de sobreestimulación buscará ser repetida, el altísimo placer experimentado garantiza de alguna manera la vuelta al consumo.

¿Por qué no ser satisfecho con otra cosa? El poder del *porno* radica en que el grado de excitación/placer que genera, producto de la liberación de dopamina, es hasta diez veces mayor a la de cualquier otra actividad placentera normal.

Como en el caso de las sustancias adictivas (alcohol, tabaco, drogas) la pornografía también modifica el cerebro, este se adapta, cambia (neuroplasticidad), luego necesita de este consumo, y ante su ausencia sufre (síndrome de abstinencia).

Más adelante abordaremos estos temas en mayor profundidad.

¡Huyan del pecado sexual! Ningún otro pecado afecta tanto el cuerpo como este, porque la inmoralidad sexual es un pecado contra el propio cuerpo. ¿No se dan cuenta de que su cuerpo es el templo del Espíritu Santo, quien vive en ustedes y les fue dado por Dios? Ustedes no se pertenecen a sí mismos, porque Dios los compró a un alto precio. Por lo tanto, *honren a Dios con su cuerpo.*
– 1 Corintios 6:18-20 NTV

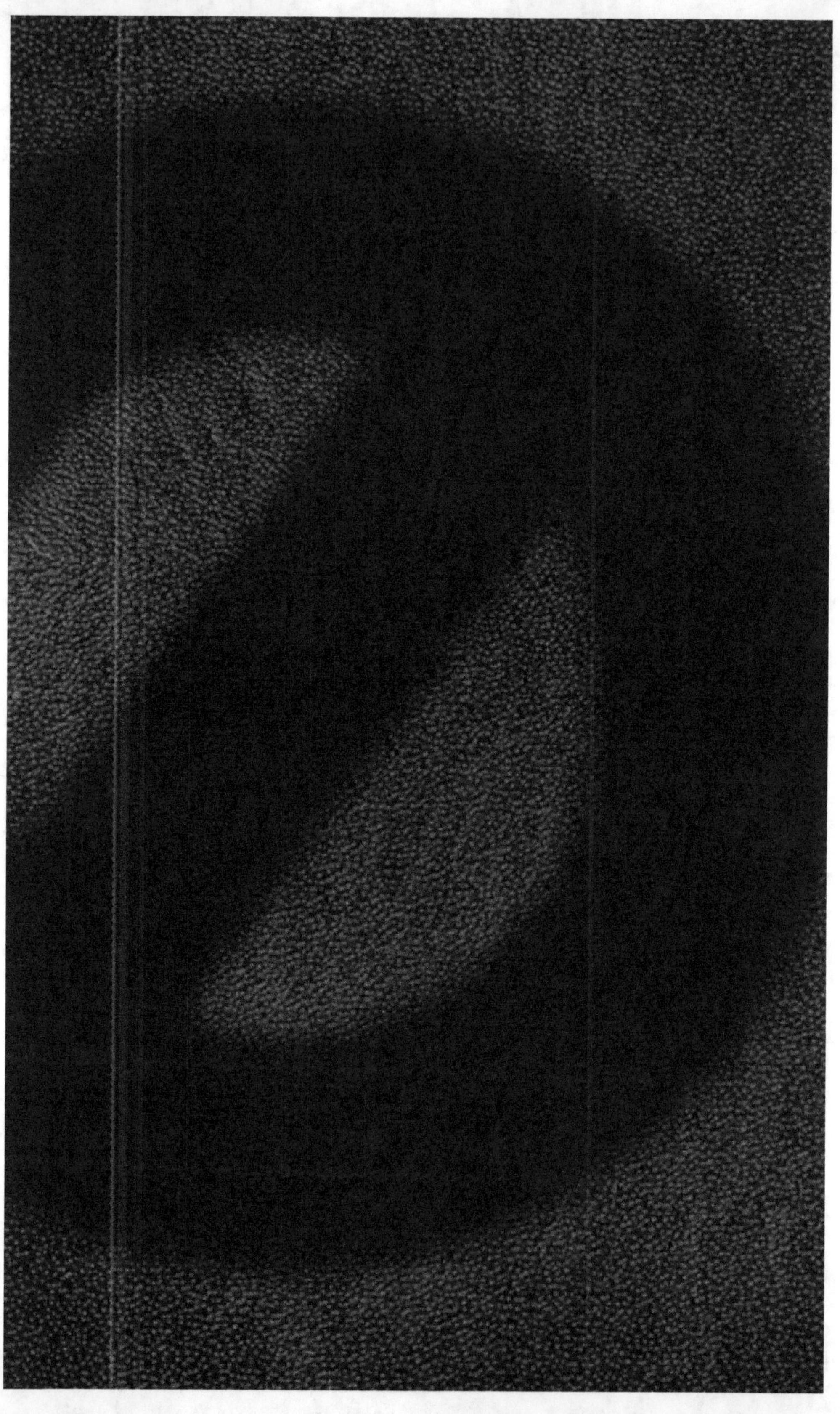

DEL POZO SE SALE, EL BARRO SE LIMPIA

El hombre cuyo corazón esta rendido a la pornografía se hallará unido a ella. Mientras más frecuentemente se rinda, más fuerte se vuelve la unión. La pornografía y la lujuria, que al principio parecieron estar sirviéndole, se han convertido ahora en su amo. Ese individuo se encuentra atado y obligado. Está atrapado.
–M. J. Cusick

Del pozo se sale, el barro se limpia. Las cosas pueden cambiar.
—Gabriel Bustos

ES UN PROCESO

Vivir en santidad, ser libre de la pornografía, es una decisión de todos los días. No se trata de una elección que se hace una vez y que aplica para el resto de la vida; lo que te proponemos no es una vacuna contra la pornografía, es un estilo de vida. Por supuesto que celebramos y creemos en esos momentos que son absolutamente trascendentes donde Dios nos habla de forma clara y produce una fuerte convicción de pecado; creemos que son muy útiles las reuniones donde se nos desafía a renunciar a los pecados sexuales y a comprometernos con una vida en santidad. Creemos en lo que Dios hace a través de eventos como los congresos, campamentos, retiros, etcétera. Pero también entendemos que luego de cada domingo llega el lunes, que luego de la burbuja espiritual que representa el campamento, el retiro, o el congreso, vuelve la cotidianeidad, el día a día, y con eso... las luchas de siempre.

De la vida real

Pablo, un joven cristiano hijo de pastor que está recibiendo ayuda (tiene el hábito de la masturbación), manifestó de forma clara que está esperando la revelación de Cristo, y que cuando Cristo se le revele en esta área de su vida va a poder tener victoria completa y nunca más va a ser tentado.

Este tipo de comentarios nos da la idea de que, aunque se refiere a algo espiritual (y que, por supuesto, es muy valioso), tiene una expectativa de que algo mágico fuera a pasar. Como si el cambio en las decisiones viniera desde afuera, y no tuviera nada que ver con la voluntad de la persona. Por otro lado, ya tenemos en la Palabra (la Biblia) toda la revelación necesaria para poder vivir en santidad. Por supuesto que creemos en los milagros, creemos en el accionar sobrenatural de nuestro Señor; pero una cosa es una cosa, y otra cosa es otra cosa...

Por eso es que queremos que sepas que la pelea es todos los días.

- ¡Todos los días tenés que ofrecer tu cuerpo como sacrificio vivo, santo y agradable a Dios! (Romanos 12:1).
- Todos los días tenés que someter tus pensamientos para que hagan la voluntad de Cristo (2 Corintios 10:5).
- Todos los días tenés que honrar a Dios con tu cuerpo (1 Corintios 6:20).
- Todos los días tenés que huir de las pasiones de la juventud y de la inmoralidad sexual (2 Timoteo 2:22; 1 Corintios 6:18).
- Todos los días tenés que elegir pensar en cosas buenas (Filipenses 4:8).

Las ofertas son inagotables. La tentación cobra estatus de casi omnipresente. La comida del rey se ve sabrosa y para colmo ¡estamos con hambre! Tenemos que ser verdaderos militantes de la santidad. Así como Daniel se propuso en su corazón no contaminarse con la comida del rey (Daniel 1:8), nosotros también debemos hacerlo, ¡todos los días!

Esta decisión *diaria* no tiene que vivirse como una simple negación, como una serie de prohibiciones que vamos acumulando en nuestro día a día.

¡Vivir en santidad puede y *debe* disfrutarse! Vivir en santidad no es solo un *no*. Es la elección voluntaria de un estilo de vida. Vivir en santidad habla acerca de a quién amamos, de quién es nuestro dueño. Esa debe ser nuestra marca registrada. En definitiva, se trata de una cuestión de enfoque. No vamos a enfocarnos en los *no*. Nos enfocamos en un *sí* gigante a nuestro amado Dios, a nuestra/o futura/o esposa/o, a nuestros futuros hijos, y a nosotros mismos.

Es mucho más fácil tomar decisiones en el presente, cuando vemos con claridad el futuro que nos espera.

Ahora bien, nadie puede obligarte a transitar este camino. Si no tenés la intención de vivir de manera diferente, nadie va a poder ayudarte. Ni Dios.

Ser libre tiene un costo, no es automático ni sencillo. Dios va a hacer por vos lo que no puedas hacer, pero no va a hacer lo que sí podés hacer. Por eso te vamos a hacer algunas aclaraciones:

- Tenés que entender que la libertad es un proceso, no solo una oración.
- Dos meses sin pornografía es solo el comienzo.
- Cuando te sientas mejor, tal vez pienses en abandonar el esfuerzo por cambiar. ¡No lo hagas! ¡Seguí adelante!

SOLO CON DIOS SE SALE

Cuando hablamos de adicción a la pornografía estamos hablando, quizás, de la mayor adicción del mundo. Detrás de ella hay un plan diabólico que busca tu destrucción, y es el mismo Dios quien quiere rescatarte (Juan 10:10).

Creer que podés vencer a este gigante por tus propios medios no solo revela tu ingenuidad, sino también tu orgullo. En estos años que llevamos recorriendo el país hemos podido constatar que *solo con Dios se sale*. Es recurrente el comentario de jóvenes y adolescentes confesando que intentaron durante mucho tiempo y de distintas formas deshacerse de estas cadenas con éxito nulo. Por otro lado, y para gran alegría lo decimos, son muchísimos los casos de personas que realmente pudieron recuperarse y librarse de esta maldita ancla.

¿La clave? Dios. Los textos bíblicos que podríamos citar en este momento son muchos, realmente, y seguro los conocés.

Lo que tenés que saber es que la llave de la recuperación es Dios.

Muy probablemente tengas que reiniciar tu relación con Él, borrar todo y comenzar de nuevo. Vas a tener que buscarlo lejos de las costumbres que adquiriste todo este tiempo. Este reinicio implica que abandones todo rastro de religiosidad y te concentres en Jesús, que busques en su Palabra la guía, no solo para el día a día sino también para el sentido total de la vida.

Ser cristiano no tiene que ver con la elección de una religión, o un estilo de vida plagado de buenos valores y un estándar moral altísimo. Se trata de que Jesús *es* el camino, la verdad y la vida. Reiniciar tu relación con Dios no es simplemente "portarte bien" y abandonar tu pecado; es entender que Él es el mismo sentido de la vida, que Él te llama, que sos sal y luz. Satanás conoce quién sos y va a tratar de sacarte de la carrera.

¡Comencemos!

RECONOCER EL PROBLEMA

¿Cuáles son las cosas que cambiamos?, ¿por qué las cambiamos?

Cuando enfrentamos el proceso del cambio generalmente lo hacemos convencidos de tal necesidad. No obstante, en la mayoría de los casos, nos resistimos a ellos. Buscamos mantener el *"status quo"*; muchas veces preferimos aquello que tal vez no represente lo mejor para nosotros, a la inseguridad e incertidumbre del camino hacia lo desconocido. Para que se produzca un cambio tiene que existir algo lo suficientemente poderoso como para que nos animemos a salir de la *molesta comodidad*. Algo que nos ayude a enfrentar situaciones, personas, procesos, etcétera, y que tenga una fuerza tal que supere todas las trabas que nos mantienen "atornillados" a ese lugar.

Por otro lado, solo podemos cambiar aquello que percibimos como *algo que necesita ser cambiado,* aquello que reconocemos como negativo, que nos produce cierto malestar o que simplemente evaluamos como un salto cualitativo en nuestra vida. Por eso resulta imprescindible el *reconocimiento* de aquello que necesita ser cambiado.

Básicamente, no podemos cambiar lo que no reconocemos como un problema. Cuando ciertos comportamientos, actitudes y/o formas de pensar no son cuestionados por nuestro sistema de valores, no pueden ser transportados a la mesa examinadora de nuestra mente, por ende no pueden ser cambiados.

Asimismo la capacidad de ver el problema implica *per se* una gran cuota de sinceridad, juntamente con la inherente valentía que conlleva la introspección, es decir, la capacidad de la persona de poder ver y evaluar sus propios pensamientos y sentimientos.

Sinceridad y valentía para enfrentarnos a nosotros mismos es el comienzo del camino que proponemos para poder ser liberados de las cadenas de la pornografía.

Por supuesto que no resultará sencillo y, por otra parte, este camino nos llevará a lugares algunas veces dolorosos, otras vergonzosos, otras indignantes.

En este camino debemos estar conscientes y preparados para enfrentar ciertas *trampas* que hemos elaborado nosotros mismos como mecanismo de defensa; como el artilugio siempre listo para sostenernos en el lodo de nuestra realidad; y que, al mismo tiempo, nos atasca en el dolor que muchas veces abrazamos de forma casi irracional.

Cuando el pueblo de Dios emprendió su camino fuera de Egipto, estando próximo a ser completamente libre, comenzó a añorar las cadenas de la esclavitud; parecía que preferían las insoportables cadenas conocidas –y por las cuales lloraron durante largos años, mientras se soñaban sin ellas–, a recorrer el nuevo camino de la libertad (Éxodo 14:10-14). Esto quizás nos resulte inentendible; no obstante, así somos.

Trampas en el camino

La *negación* representa la primera trampa a sortear. No solamente debés admitir que el consumo de pornografía es absolutamente destructivo para tu vida, sino también que no tenés el control, que vos "no la piloteas".

Hasta que no reconozcas que estás en problemas no vas a salir. Tu restauración depende de tu sinceridad –con vos mismo y con Dios–. Es muy triste que, siendo esclavo, te creas libre.

Otras de las trampas son la *minimización* y la *relativización*, las cuales proveen una muy buena manera de evitar enfrentar el problema del consumo de pornografía como lo que es, y justamente verlo como algo carente no solo de importancia, sino también de consecuencias.

Frases como "no es para tanto...", o "hay cosas peores", no hacen más que socavar y bloquear la posibilidad de tu recuperación.

En muchas de las charlas con los jóvenes y adolescentes hemos podido detectar un factor común en muchos de ellos. Ante la pregunta: "¿Con qué frecuencia ves pornografía?", nos encontramos con respuestas que parecen soslayar la gravedad de la situación en la que están:

"Uh... no sé... cada quince o veinte días. No es seguido...".
"No... muy poco, una vez por mes aproximadamente...".

Si bien es cierto que consumir pornografía una vez por mes no es lo mismo que hacerlo todos los días, no podemos pensar bajo ningún punto de vista que es normal o natural estar expuesto a esa basura de forma mensual. Pareciera ser que la legitimación de lo erótico visualizado en todas nuestras pantallas, sumado a lo sensual como un valor en sí mismo (y aplicable en todo tiempo y contexto), naturaliza el consumo de pornografía; nos hace creer que estar expuestos a ese veneno mensualmente está dentro de los parámetros de la "normalidad".

De la vida real

Creo que *no* está mal consumir pornografía, siempre que se haga con responsabilidad y de forma moderada. Es decir, conscientes de que es una actuación y que solo debería servir para sacar algunas ideas o incluso para aprender más sobre sexo. También sirve para poder hablarlo con la pareja, hacerle preguntas sobre si le gustaría hacer tal o cual cosa, o si se sentiría excitado con lo que se ve en el video. Usarlo como punto de partida para el autodescubrimiento de la sexualidad.

– Respuesta de una joven cristiana evangélica

Mal de muchos, consuelo de tontos.

Otra de las trampas que armamos muy eficazmente es la idea de que *todos* ven pornografía. Detrás de esta afirmación se encuentra la justificación.
Si todos lo hacen tal vez no sea tan malo.
Si todos lo hacen, es normal.
Si todos lo hacen, para qué luchar contra esto.
La realidad es que, si bien existe un gran porcentaje de cristianos que consumen pornografía con cierta frecuencia, también es cierto que no todos lo hacen. Por otro lado, suponiendo que la inmensa mayoría de los jóvenes y adolescentes sean adictos a la pornografía, eso no lo transforma *ipso facto* en algo bueno e inevitable. Es

necesario que reconozcas que consumir pornografía, aunque sea de forma "esporádica", es nefasto para tu vida.

El *orgullo* es otro de los factores que configuran la trampa; te cierra los ojos, no te deja ver. Admitir que lo que estás viviendo te está destruyendo, que solo no podés, que necesitás ayuda, y que tu manera de vivir ofende al Señor, se llama humildad.

"Y él da gracia con generosidad. Como dicen las Escrituras: 'Dios se opone a los orgullosos pero da gracia a los humildes'" (Santiago 4:6 NTV).

Tenés que tener la suficiente sinceridad, valentía, madurez y humildad para reconocer tu situación y que necesitás ayuda.

> Si ves *porno*, no responsabilices a nadie por eso. Más allá de lo que te haya pasado en otro tiempo, o de lo que estés atravesando actualmente, sos responsable de tus actos, *sos vos* quien decide (pese a la insistencia del Espíritu Santo, ¡y vaya que lo hace...!) hacer un *clic* o un *touch*.

Nadie es responsable de tu adicción, solo vos. Es fácil y aliviana la carga pensar en repartir las culpas y responsabilizar a otros por tus decisiones.

Quizás esto te resulte muy duro, casi desconsiderado de parte nuestra; no obstante, si realmente querés liberarte de la basura del *porno*, es necesario que asumas la plena responsabilidad de tus elecciones. Por supuesto que entendemos que existe una multiplicidad de factores que influyen y **contribuyen** a que te entregues en los brazos siempre dispuestos y accesibles de la pornografía: dolor, soledad, cansancio, estrés, quizás una mala relación con tu esposa, demasiado tiempo libre... los detonantes son variados. Sin embargo, Dios sigue siendo fiel, quiere que corras a sus brazos y que encuentres en Él tu satisfacción, no en el efímero y venenoso placer que ofrece el mundo de la pornografía.

> No te escondas detrás de tu dolor, que la soledad no te lleve al barro.

Tal vez seas de los que piensan que se quedaron sin oportunidades, que la mujer o el hombre de su vida ya nunca va a llegar... y entonces decidís refugiarte en la oscura cueva donde encontrás pequeñas gratificaciones saturadas de culpa y vergüenza. No te resignes, no bajes los brazos. No te acostumbres al barro, acordate que *del pozo se sale, y el barro se limpia. Las cosas pueden cambiar.*

Puede ser que vos creas que el consumo de pornografía no esté ligado a heridas del pasado, ni a la búsqueda de anestesiar la conciencia y que tu relación con Dios es realmente "óptima". Simplemente, *desde tu perspectiva*, el consumo obedece al simple placer que produce. Tal vez un día te encontraste con el mundo de la pornografía y ese impacto inicial que te generó, ese placer casi incomparable que experimentaste, no pudiste ni quisiste soltarlo más...

No obstante, creas lo que creas, o sea como sea que hayas llegado al mundo de la pornografía, podés salir.

TOMAR UNA DECISIÓN DE CAMBIO

Si bien el primer y obvio paso para la restauración es el reconocimiento del problema, evidentemente, este hecho por sí solo no revierte nada. Por supuesto que representa el puntapié inicial, y es imprescindible; sin embargo, es necesario seguir en este proceso.

La pregunta que tenés que hacerte es si realmente querés liberarte de la pornografía.

Vos podés reconocer que esta destruye tu vida y, aun así, seguir consumiéndola. Es muy probable que te enfrentes a la extraña sensación de desear ser libre, pero al mismo tiempo tengas miedo de dejar ese vicio que durante tanto tiempo te sirvió como un falso escape; esa muleta que en tus angustias te sostenía.

En una etapa de tu vida adquiriste la costumbre de encarar o, mejor dicho, de *esconderte* de las situaciones dolorosas, difíciles y conflictivas, haciendo uso de la pornografía. Lograste, con muy poco esfuerzo y de manera sencilla, obtener la tan ansiada gratificación; efímera, momentánea, por supuesto, pero gratificación al fin. Pudiste dejar de pensar y sentir. Obtuviste por un instante el descanso de tus emociones; sabías que cuando el efecto de esa droga se esfumara, siempre podrías volver a conseguir una dosis más... y otra vez, fácil y sin esfuerzo.

Entonces, ¿para qué meter la mano en el dolor? ¿Para qué abrir esas puertas que liberan al monstruo anestesiado? Si podés seguir con los ojos cerrados, negar tus problemas y seguir caminando; aunque cada vez más rengo, claro... Y como siempre, cada vez que la "renguera" se haga sentir, un poco de *porno* la anestesiará...

Ahora bien, vos sabés perfectamente que no podés seguir postergando el tema, que no podés seguir así toda tu vida y que **realmente llegó la hora en la que tenés que descubrir la herida y aplicar el**

desinfectante. Es tiempo de animarte a dejar la muleta, a tomar la decisión de negarte a vos mismo y a tus grandes deseos de consumir.

Sabemos que muchas veces pensás que es imposible, que tus ganas son incontenibles, que se trata de un Goliat a la enésima potencia, que no tenés las herramientas, los recursos, ni las fuerzas para enfrentarlo y que creés que toda tu vida será así. Y decís:

"¡Bastaaaa! ¡No quiero leer más!".

"¿Cómo hago para enfrentar mi vida sin la pornografía?".

"¿Por qué tengo que dejarla? ¡Si me gusta! Cuando no veo la extraño, pienso en el momento de reencontrarme con ella".

"Se me acelera el corazón y ya comienzo a disfrutarla...".

Aun así, y aunque tengas la posibilidad de consumir de forma constante, ¿te diste cuenta de que siempre terminás con sabor a nada...? ¿Notaste que, lejos de mejorar, tu estado empeora cada vez más?

La culpa asoma una vez más.

¿No estás cansado ya? ¿Por qué seguir perdiendo? ¿Por qué cargar esa mochila que hace que vivas arrastrado? ¿No estás harto de darle patadas siempre a la misma piedra?

Confesión y arrepentimiento

Tenés que tomar una decisión de cambio. ¡No lo calles más y hablalo!

Gerardo Tellerin, un amigo, tiene una frase que va perfecto para esta situación: "Lo que se guarda, se pudre". Y un tal David dijo lo siguiente:

Mientras me negué a confesar mi pecado, mi cuerpo se consumió, y gemía todo el día.

Día y noche tu mano de disciplina pesaba sobre mí; mi fuerza se evaporó como agua al calor del verano.

Finalmente te confesé todos mis pecados y ya no intenté ocultar mi culpa.

Me dije: "Le confesaré mis rebeliones al Señor", ¡y tú me perdonaste! Toda mi culpa desapareció.

–Salmo 32:3-5 NTV

Impresionantes las palabras del rey David, no se puede agregar nada más... Confesá tus luchas, rompé el silencio. Confesá primeramente a Dios tu pecado, ¡su perdón y restauración te esperan!

"Si confesamos nuestros pecados, él es fiel y justo para perdonar nuestros pecados, y limpiarnos de toda maldad" (1 Juan 1:9 RVR60).

Lo primero que Satanás va a intentar hacer es que no veas tu realidad; pero lo segundo es que si lográs verla, va a hacer lo posible para que calles.

Que el orgullo, que muchas veces se disfraza de "vergüenza", no te cierre la boca.

Hablá, aunque no quieras.
Hablá, aunque te cueste.
Hablá, aunque no te guste.
Hablá, aunque te duela.

De la vida real

"Probé mucho y no puedo dejar. Me da vergüenza pedir ayuda a mis pastores. Y me siento muy sucio".

"Cada vez que veía pornografía me sentía culpable. Sentía que necesitaba ayuda para salir de eso y no sabía a quién recurrir por miedo a ser culpado de pecado".

"Hace más de nueve años que intento dejar la pornografía y no puedo, es más fuerte que yo".

Vencé el orgullo, destrozá la vergüenza. ¡¡¡Morí a vos mismo!!! Jugate. No le confieses solo a Dios tus rebeliones y pecados; hacelo con alguien más, hablá con tu pastor/a o con un referente espiritual y confesá tus luchas.

Si bien no lo dijimos hasta ahora la confesión debe ser producto del arrepentimiento genuino, y este arrepentimiento (además de la confesión) para que sea *realmente* genuino tiene que estar acompañado de hechos concretos.

"Produzcan frutos que demuestren arrepentimiento" (Mateo 3:8 NVI).

Eso significa: que tus hechos hablen más fuerte que tus intenciones y tus palabras.

El arrepentimiento implica un profundo quebrantamiento, reconocer que tal proceder destruye la relación con Dios y la propia vida. Pero, para que sea legítimo, debe expresarse en un cambio real y concreto. José Luis y Silvia Cinalli en su libro *GPS Sexual, camino a la santidad* hablan de las dos dimensiones del arrepentimiento:

La dimensión emocional y la voluntaria. En la dimensión emocional está la tristeza, el dolor que produce el pecado; esto representa una cara de la moneda. La otra (imprescindible para que el arrepentimiento sea verdadero) es la dimensión voluntaria; representa, en definitiva, un cambio en la manera de vivir. Para que el arrepentimiento sea genuino no alcanza solo con sentirse mal por el pecado, debe haber un cambio real en la conducta, un cambio interior que se vea reflejado en un cambio exterior.

Decisiones radicales

La confesión es la primera parte, luego viene el tratamiento y la obediencia. A partir del momento en que te abrís y confesás, comienza el camino de la verdadera restauración.

El arrepentimiento –en el caso de la pornografía–, se traduce en hechos concretos, en *decisiones radicales.*

En la lucha contra la pornografía no hay lugar para las transiciones ni medias tintas.

Radical, rotundo, tajante, decidido, absoluto... Así tenés que ser, sin pactos ni negociaciones. A matar o morir.

Dejar la pornografía no es como dejar el cigarrillo.

"Antes fumaba diez cigarrillos por día, ahora solo tres".

"Antes miraba *porno* cinco veces por semana, ahora solo una vez...".

El cambio *no* debe ser paulatino; tiene que ser radical, completo. El arrepentimiento implica cambios reales, medibles, concretos y, muchas veces, extremos.

Mientras escribo este capítulo estamos transitando el año 2018, si leés este libro entre el 2018 y el 2020 sabrás que no podemos vivir sin *whatsapp* (por ejemplo). En la lucha contra la pornografía, y en esto de tomar decisiones radicales, quizás tengas que prescindir de tu SmartPhone y volver a nuestro querido y bien recordado Nokia 1100 (o el equivalente de este tiempo). Algunos no saben de qué hablamos... De todos modos pueden googlearlo 😐

En estos tiempos en los que realmente es muy difícil trabajar y relacionarse sin un SmartPhone, tener que prescindir de él se transforma verdaderamente en una decisión radical.

Según nuestros estudios en 2017/18 el 64% del consumo de pornografía se realiza a través del celular.

Por esta razón muchas veces aconsejamos a los jóvenes y adolescentes cambiarlo, para evitar el consumo a través de esa pantalla.

Cambiar el celular, cerrar cuentas de redes sociales, vender la PC, *notebook* y/o *tablet* son solo algunas de las cosas que quizás necesites hacer. También podemos hablar sobre la posibilidad de dejar de ver determinadas películas o series que, si bien tal vez no tengan contenido pornográfico, pueden llegar a tener escenas desencadenantes del consumo posterior. Por otro lado este tipo de imágenes, vistas de manera constante, no hacen más que "echar leña al fuego".

Y qué decir de ciertas canciones...

Por eso, en este camino de la restauración, tenés que tomar decisiones realmente radicales; ya no podés hacer convivir la pornografía con el resto de tu vida. Tenés que darle un corte definitivo. Es tu misma vida la que está en juego.

"Y, si tu mano derecha te hace pecar, córtatela y arrójala. Más te vale perder una sola parte de tu cuerpo, y no que todo él vaya al infierno" (Mateo 5.30 NVI).

Si soportaste lo anterior, acá definitivamente es donde nos vas a odiar... Quizás estés dispuesto a hacerlo en pos de tu recuperación, pero queremos ir un poco más allá: Tenés que abandonar la masturbación. Sí, así como lo leíste.

"Abandonad la masturbación. Otra vez os digo: ¡Abandonadla!".[1]

Rendir cuentas

Otra decisión radical es buscar a alguien ante quien rendir cuentas.

Ya no hablamos solo de la confesión; el hecho de rendir cuentas implica la constante predisposición a dar explicaciones de nuestros pensamientos, actitudes y comportamientos a un referente espiritual.

¿Por qué es una decisión radical? Porque muy probablemente nunca hayas hecho esto antes, y acá es donde se establece una lucha de proporciones inusitadas en el campo de batalla de tu mente.

De un lado del campo de batalla se encuentra el orgullo, la vergüenza, la imagen del hombre/mujer de Dios que querés proyectar. Del otro lado se encuentra entre sus filas: el temor de Dios que aún vive en vos, el arrepentimiento que te empuja a morir a vos mismo y un profundo deseo de cambiar.

Dejá que gane Jesús. Tenés que perder si querés que las cosas realmente cambien. Por supuesto que hablar ya no solamente de los hechos, sino también de los pensamientos, conlleva cierto grado de valentía; no resulta sencillo exponer ante otro lo que durante tanto tiempo guardaste bajo siete llaves.

---

1 Este tema lo abordaremos en el anexo Masturbación.

Excusas, argumentos...

"¿Por qué tengo que contarle todo a otra persona? ¿Si ya le pedí perdón a Dios, ya me arrepentí, ya lloré demasiado y ahora estoy totalmente convencido de que la pornografía forma parte de mi pasado...?".

La realidad es que solo no podés; además de la obvia ayuda de Dios en todo este proceso, también necesitás ayuda de personas que justamente Dios pone en tu camino para ayudarte y formarte.

¿Ante quién rendir cuentas?

¿Cómo debería ser la persona delante de la cual vas a abrirte y confiar tus secretos más íntimos?

En este sentido el consejero debe tener una vida espiritual y testimonio personal que lo avale.

Por otro lado –y teniendo en cuenta el tenor de las cosas que vas a decir–, resulta imprescindible que esta persona pueda guardar completa confidencialidad.

Asimismo, es necesario que quien vaya a escucharte sea del mismo sexo que vos (obviamente).

La persona que va ayudarte y ante quien vas a rendir cuentas no debería estar pasando por la misma situación que vos (Lucas 6:39).

Si el consejero tiene experiencia en el tema, tanto por haberlo vivido, haber aconsejado al respecto y/o estudiado, resulta mejor.

Tenés que tener en cuenta que, muy probablemente, tiendas a contar solo aquellas cosas que no resulten tan perjudiciales a tu reputación y a la imagen que querés proyectar. Lo mejor que podés hacer es, sencillamente, olvidarte de tu imagen y saltar a la incertidumbre de la confesión; ya que en el mismo instante en que te abras, habrás perdido el control de lo que, suponías, era la imagen que los demás tenían de vos. Quizás por un tiempo logres ocultar eficazmente tu adicción, pero tené en cuenta que justamente vas a lograr tapar tu vergüenza tan solo *por un tiempo...* Más temprano que tarde, la bomba estalla.

Contalo todo, aunque no quieras.

Contalo todo, aunque te cueste.

Contalo todo, aunque no te guste.

Contalo todo, aunque te duela.

Contarlo todo es solo una cara de la moneda, la otra cara se llama *obediencia.* De más está decir que aplica el mismo principio anterior:

Obedecé, aunque no quieras.

Obedecé, aunque te cueste.

Obedecé, aunque no te guste.

Obedecé, aunque te duela.

La batalla de la mente - Fantasías, tentaciones

Siguiendo con las decisiones difíciles/radicales, y en esto de tomar una decisión de cambio, llegamos al mundo secreto de tus pensamientos. Ese lugar donde le das forma a tus deseos más profundos, gratis y sin esfuerzo.

Las fantasías sexuales son inherentes a la condición humana; no obstante, el adicto a la pornografía no tiene control de sus fantasías, ellas le sobrevienen, atraviesan su cotidianeidad, algunas veces irrumpen sin un "aparente" detonante, otras pueden surgir a partir de una persona vista en la calle, o en una publicidad, o en la misma iglesia...

Para aquellos que están atravesando por esta situación, la iglesia no resulta para nada un límite. Cualquier persona o situación funciona como disparador de la fantasía sexual.

En vías de la recuperación, y considerando que el adicto a la pornografía la utiliza como insumo previo al consumo, es que proponemos también en este aspecto tomar decisiones radicales.

Existe una creencia errónea que establece que no tenemos el control de nuestros pensamientos, que ellos se generan de manera independiente a nuestra voluntad. Muchos se excusan detrás de esto. Por supuesto que mantener el control de lo que pensamos no es fácil; en muchos casos se requiere de cierta ejercitación y, sin lugar a dudas, la obvia constancia.

Por otro lado si te dijera: "No pienses en determinado tema", muy probablemente sea lo único en lo que pienses. Hacé la prueba...

Para hacerlo simple, el punto no está en dejar de pensar en pornografía, sino en pensar en otra cosa; en elegir voluntariamente en qué cosas pensar.

Y ahora, amados hermanos, una cosa más para terminar. Concéntrense en todo lo que es verdadero, todo lo honorable, todo lo justo, todo lo puro, todo lo bello y todo lo admirable. Piensen en cosas excelentes y dignas de alabanza.
– Filipenses 4:8 NTV

Por lo demás, hermanos, todo lo que es verdadero, todo lo honesto, todo lo justo, todo lo puro, todo lo amable, todo lo que es de buen nombre; si hay virtud alguna, si algo digno de alabanza, en esto pensad.
– Filipenses 4:8 RVR60

Fijemos la mirada en Jesús, el iniciador y perfeccionador de nuestra fe, quien, por el gozo que le esperaba, soportó la cruz, menospre-

ciando la vergüenza que ella significaba, y ahora está sentado a la derecha del trono de Dios.
– Hebreos 12:2 NVI

No imiten las conductas ni las costumbres de este mundo, más bien dejen que Dios los transforme en personas nuevas al cambiarles la manera de pensar. Entonces aprenderán a conocer la voluntad de Dios para ustedes, la cual es buena, agradable y perfecta.
– Romanos 12:2 NTV

Los textos son claros, nuestra concentración *no* tiene que estar en dejar de pensar en esas imágenes/escenas. Esto encuentra su razón en el hecho de que el cerebro no puede *no pensar* y si lo único que le ofrecemos es un "no", solo vamos a lograr perder la batalla. La única forma efectiva de dejar de pensar en algo es cambiar el foco de atención, redirigir el pensamiento.

Es importante hacer una aclaración en este punto: tampoco se trata de dejar que las fantasías se instalen y se desarrollen en nuestra mente. Hay que establecer un límite claro y desinstalarlas en el mismo momento en que son percibidas, y este es justamente el meollo del problema. Creemos que *esa* es la tarea: erradicar la fantasía, eliminar los pensamientos que nos conducen al pecado. Y, en realidad, es solo la primera parte del trabajo; precisamente si no avanzamos en el reemplazo de las fantasías por *"todo lo que es verdadero, todo lo honorable, todo lo justo, todo lo puro, todo lo bello y todo lo admirable"* evidentemente quedaremos a mitad de camino.

Pasando en limpio:
- Suprimir las fantasías en el mismo momento en que son reconocidas (2 Corintios 10:5).
- Fijar los ojos en Jesús (Hebreos 12:2).
- Dejar que Dios nos transforme al cambiar nuestra manera de pensar (Romanos 12.2).
- Pensar en lo que tenemos que pensar... (Filipenses 4:8).

Hay algo que resulta inevitable, y es el hecho de que siempre vas a ser tentado. Es una ilusión tener las expectativas de que algún día las tentaciones simplemente desaparecerán. Vas a ser tentado hasta que te mueras. El punto está en lo que hacés con la tentación.

Tenés que saber, aunque quizás ya lo sepas por experiencia propia..., que mientras más tiempo esté en tu cabeza el pensamiento, más difícil te resultará extirparlo y reemplazarlo.

Casi diríamos que la fuerza de la tentación es directamente proporcional al tiempo de exposición en tu mente.

Por otro lado –si bien la tentación se ofrece como algo que realmente deseamos–, te recomendamos que, sumado a lo anterior, hagas explícitos en tu mente todos los problemas/consecuencias que están asociados al consumo de pornografía, de manera tal que seas plenamente consciente de todo lo que puede pasarte si cedés a la tentación. No obstante, como ya comprobaste muchas veces, en ese momento tu capacidad de ser consciente de las consecuencias se ve notablemente disminuida.

Ir a la raíz

Por último, una de las decisiones radicales más difíciles es ir a la raíz, animarte a dejar de lado el síntoma para concentrarte en la enfermedad. Como vimos anteriormente, el consumo de pornografía no está ligado solamente a lo tentador/magnético/atractivo del material, sino a cuestiones más profundas; a un estado interno de enorme insatisfacción y deseo de intimidad con Dios; a una desconfianza en Dios como el único capaz de suplir tus necesidades por un lado y por otro a las marcas/heridas del alma.

Estas son de las decisiones no solo más radicales que podés tomar, sino también más determinantes para toda tu vida: Animarte a confiar en Dios, a creer que Él puede llenarte, sanarte, darte descanso y hacerte feliz.

> *"¿A quién tengo en el cielo sino a ti? Si estoy contigo, ya nada quiero en la tierra"* (Salmo 73:25 NVI).

> *"Y la iglesia es el cuerpo de Cristo; él la completa y la llena, y también es quien da plenitud a todas las cosas en todas partes con su presencia"* (Efesios 1:23 NTV).

> *"Vengan a mí todos ustedes que están cansados y agobiados, y yo les daré descanso"* (Mateo 11:28 NVI).

> *"Pongan todas sus preocupaciones y ansiedades en las manos de Dios, porque él cuida de ustedes"* (1 Pedro 5:7 NTV).

Nuestra desconfianza, la ausencia de fe, nos lleva a tomar en nuestras manos la responsabilidad de satisfacernos, de completarnos y a tomar medidas para evitar sentir dolor. En el afán de no sufrir más, de tener un desahogo y experimentar gratificación es que caemos en la pornografía. Tener en mente que en Él tenemos lo que necesitamos y "arriesgarnos" a confiar en Él es una verdadera decisión radical, profunda y trascendente.

Debemos buscarlo primeramente sabiendo que todo lo que necesitemos será añadido es el camino (Mateo 6:33). Este camino de confianza, de verdadera fe en Dios nos lleva al siguiente paso, el paso de adentrarnos en esos lugares que más nos cuesta, que más dolor representan.

Perdonar y aceptar lo que sucedió en nuestra vida y dejar que Dios meta su mano en medio de nuestro dolor no es justamente de las cosas más agradables que podemos experimentar; no obstante, resulta absolutamente necesario. Las heridas que la vida nos dejó –sobre todo aquellas que se produjeron en el seno de nuestra familia–, son las más profundas, las que más secuelas dejan y las que más nos condicionan, limitan y cercenan. Por otro lado, la necesidad de sanar no tiene que ver exclusivamente con nosotros, nuestras heridas hieren a otros; el dolor, a menos que cese (y solo con Dios es posible) se transfiere. Como decimos en los talleres de **evae** (El Verdadero Amor Espera): *"El que está roto, rompe"*.

- -

Mis heridas me duelen a mí, pero también lastiman a otros.

Heridas y perdón

Cuando mi hermana menor tenía unos nueve años tuvo un pequeño accidente. Tratando de bajar de un techo se resbaló y enganchó un anillo de lata en una reja. En su caída el anillo se clavó en su dedo arrastrándole piel y carne... En ese momento justo pasaba por ahí y la llevé a una salita de primeros auxilios, luego llegó mi papá y la llevó a un hospital.

A su regreso mi papá me relató lo que tuvo que sufrir mi hermana para poder sanar su herida: colocaron anestesia local y luego limpiaron la zona con un cepillo y desinfectante. La anestesia no fue suficiente y realmente sintió un gran dolor. ¿Qué hubiera pasado si detenían la "limpieza" de la herida? ¿Qué hubiera pasado si, producto del dolor, se cerraba la herida sin sanarla?

Las heridas deben ser sanadas, no tapadas ni olvidadas. El tiempo no las cura, solo favorece la infección. "Lo que se guarda, se pudre". Para sanar tenés que abrir la herida y dejar que Dios pase su cepillo y su desinfectante. Tal vez duela, pero es la única opción que tenés. Destapá la herida, hablá de lo que te duele, perdoná a quien te lastimó, a quien marcó tu vida.

Hablá, aunque no quieras.

Hablá, aunque te cueste.

Hablá, aunque no te guste.

Hablá, aunque te duela.

¿Cómo me doy cuenta de que verdaderamente sané?

La cicatriz de mi hermana es visible; sin embargo, cuando se toca la antigua herida, ya no siente dolor.

Lográs sanar cuando perdonás; sabés que perdonaste cuando recordás sin dolor. Nunca vas a olvidar lo que te sucedió, el recuerdo seguirá allí; no obstante, cuando pienses en eso, ya no sentirás dolor.

Hoy mi hermana puede ver la cicatriz que le recuerda el momento del "accidente"; sin embargo ya no le duele. Eso es sanar, y solo de la mano de Dios es posible.

En definitiva, si realmente querés abandonar la esclavitud a la que te sometió la pornografía, vas a tener que tomar *decisiones radicales.*

PACIENCIA - CONSTANCIA - PERSEVERANCIA - DISCIPLINA - ESFUERZO

Estos cinco conceptos, en la mayoría de las personas, brillan por su ausencia; sobre todo en aquellas que sufren algún tipo de adicción.

Muchos de nosotros fuimos educados en un contexto en el que se nos enseñó a huir de todo tipo de frustración. Hemos sido guiados en la búsqueda constante de lo placentero; por supuesto que en la mayoría de los casos esto no se produjo de forma consciente.

No obstante, sobran los casos de padres y madres que no soportan/conciben la sola idea de que su hijo experimente ningún tipo de dolor o sufrimiento. Claro que es totalmente natural y sano que los padres busquen proteger a sus pequeños, pero una cosa es la protección en amor y otra es la *sobreprotección* y la incapacidad de establecer *límites claros* por temor a ofenderlos/lastimarlos o, peor aún, por miedo a perder su amor y respeto.

La sobreprotección y la incapacidad de establecer límites son algunas de las causas que llevan al niño a perder la necesaria posibilidad de frustrarse y, en consecuencia, de hacerse –desde la más temprana edad– de las armas necesarias para enfrentar a un mundo que, más pronto que tarde, se le revelará como hostil.

La frustración es una emoción que surge cuando un anhelo o una necesidad no llegan a satisfacerse. Aprender a tolerar la frustración desde niños nos prepara para enfrentar situaciones adversas en la etapa adulta.

La capacidad de reinterpretar/decodificar las situaciones difíciles, dolorosas, estresantes, resulta necesaria en el camino de la restauración. Al cambiar la manera de pensar, cambian las emociones que, muchas veces, son el producto de los pensamientos. Esto resulta crucial, habida cuenta de que la mayor parte de las decisiones que tomamos son más emocionales que racionales (en realidad son una mezcla de emoción y razón, nunca son estrictamente racionales, ni puramente emocionales).

Si los padres no enseñan a sus hijos a enfrentar, tolerar y superar la frustración, el dolor, los conflictos y el estrés, los vuelven vulnerables ante cualquier tipo de adicción; en nuestro caso a la adicción a la pornografía.

La pornografía, de esta manera, se ofrece como opción/desvió frente a la "temible" posibilidad de encontrarnos con la frustrante realidad. Cuando comienzan a afectarte los problemas, tu aprendida *predisposición* a escapar/tapar/negar toda situación conflictiva, sumada a la búsqueda de placer como solución, hacen que los brazos de la pornografía se vean más contenedores y tentadores que nunca.

Para abandonar la pornografía necesitás desarrollar estas cinco capacidades: paciencia, constancia, perseverancia, disciplina y esfuerzo.

Repasando: *Es necesario entender que es un proceso, que solo con Dios se sale, reconocer el problema y tomar una decisión de cambio.* Cuando lográs visualizar la realidad en la que te encontrás y llegás al punto en que ya no soportás más seguir así, el paso obvio es decidir hacer algo al respecto.

Es así como, imbuido en las extraordinarias fuerzas iniciales provistas por la *decisión de cambio,* emprendés con ímpetu arrollador el camino de la restauración.

Pero, a medida que vas transitando el camino, la fuerza extraída de tal emoción comienza a menguar… y sumando a eso la acumulación de problemas, se va tornando a cada instante más difícil sostener la promesa del cambio. Si a todo esto le agregás que *no* somos propensos a ser pacientes, constantes, perseverantes, disciplinados y esforzados… el resultado obvio es la vuelta al chiquero (2 Pedro 2:22).

Aunque creas que es tarde, precisás comenzar a aprender algo que quizás no hayas aprendido en tu infancia y es el hecho de enfrentar, tolerar y superar la frustración y el dolor; al mismo tiempo es necesario desaprender ese camino que conduce a la gratificación instantánea que funciona tan solo como un simple y berreta parche.

En este nuevo camino debés hacerte de las herramientas apropiadas, ya que en tu camino hacia la restauración vas a encontrarte con una multiplicidad de problemas e inconvenientes. Por momentos tus fuerzas parecerán desaparecer por completo, vas a experimentar ciertos periodos donde vas a tener la sensación de que la felicidad juega a las escondidas con vos... Y, como consecuencia de todo esto, vas a querer bajar los brazos, rendirte, tirar la toalla...

Por esta razón, y volviendo al inicio del capítulo, entender la restauración como un *proceso*, y no como *una única decisión* tomada en un momento determinado, te da la posibilidad de tener una mirada más amplia de tu situación y te ayuda a disminuir la obvia ansiedad generada por el deseo de terminar con el problema.

Vamos con la primer herramienta: la paciencia. Una de las sensaciones que muy probablemente experimentes sea la de la restauración como futuro inalcanzable.

"Nunca más voy a salir de esto".

"¿Hasta cuándo voy a tener que seguir peleando...?".

Una vez que comenzaste el proceso de restauración, y que el empuje inicial –gestado en la mezcla de emoción y convicción– pierda fuerza, tendrás que ser paciente... entendiendo la paciencia como la facultad de saber esperar algo deseado y como la capacidad de soportar algo sin alterarte. Tendrás que aceptar que el proceso puede llevarte más tiempo del que estás inicialmente dispuesto a tolerar. Celebramos que tengas la vista en la restauración definitiva; no obstante, el hecho de tener de continuo la mente enfocada en ese momento, no hace más que aumentar tus niveles de ansiedad.

Celebrá cada día en el que estás limpio, valoralo. También te recomendamos fijar objetivos a corto, mediano y largo plazo. Eliminá la falsa expectativa de que la adicción será erradicada en poco tiempo y sin esfuerzo.

Ejemplo:
- Objetivo a corto plazo:
  7 días sin ver pornografía (y sin masturbarte).
- Objetivo a mediano plazo:
  30 días sin ver pornografía (y sin masturbarte).
- Objetivo a largo plazo:
  365 días sin ver pornografía (y sin masturbarte).

Importante: ¡Celebrá cada victoria! ¡¡Disfrutá de los logros alcanzados, reconocé las mejoras y no pongas tu vista en lo que te falta!!

¿Qué pasa si fallás? Cuando hablemos de *perseverancia* lo sabrás... ahora, esperá...

Del libro de JEBA, **evae** -*el verdadero amor espera*-, tomamos el siguiente fragmento:

Una de las cosas que definitivamente no está de moda es esperar. Frente a la posibilidad de esperar se produce en las personas un conjunto de sensaciones negativas, que van desde una pequeña molestia a la ira más exagerada. Muchas personas viven el hecho de tener que esperar como una situación displacentera, como un mal chiste del destino. Hay una muy baja tolerancia a esperar que se manifiesta en diferentes ámbitos: desde esperar el turno en la sala de alguna clínica, hasta tener que esperar a que el semáforo vuelva al deseado color verde. Esto pareciera ser una de las marcas distintivas de nuestro tiempo: ¡estamos apurados! ¡No podemos esperar ni un segundo más! ¿Será que para muchas personas la vida debe ser un continuo verde, y que la sola idea de tener que postergar -aunque tan solo sea unos segundos- lo que desean es sencillamente inconcebible? No siempre fue así, o por lo menos no de esta manera.

La forma en que cada sociedad concibe al tiempo repercute inevitablemente en cómo se vivencia la espera. La ansiedad generalizada, la poca tolerancia a la frustración, la incapacidad de esperar de forma serena, que caracteriza a la post modernidad, no tiene absolutamente nada que ver con la forma en la que se percibía el tiempo en las sociedades preindustriales. Una persona que vive al ritmo de la naturaleza no siente ni piensa de la misma manera que alguien que tiene su vida cronometrada. La angustia que experimenta quien pierde el colectivo -que tal vez solo represente perder diez minutos-, no tiene comparación con lo que podía sentir un campesino del siglo XVII cuando debía esperar el tiempo de la cosecha.

Tal vez sea cierto que la ansiedad y la impaciencia sean inherentes a la condición humana; sin embargo, el grado en que se manifiestan exceden a la "normalidad". Máxime si tenemos en cuenta que, como decíamos anteriormente, no siempre fue así.

Constancia y *perseverancia* son las siguientes herramientas. Definimos la constancia como el "sostenimiento de un esfuerzo en el tiempo", y la perseverancia como la "capacidad de, ante la caída, volver a levantarse y seguir siendo constante, seguir a pesar de las distintas dificultades". Mantenerse constante en cualquier ámbito de la vida es un desafío en sí mismo. Los vaivenes emocionales, las distintas situaciones que atravesamos a diario atentan contra el sostenimiento del hábito de la santidad, el cual no nos reporta placer inmediato. En esta lucha la constancia es clave para la transformación de la santidad sexual en un hábito.

Tenés que mantenerte aunque no veas los resultados que tan desesperadamente esperás. Sobre todo cuando los embates de la *abstinencia* comiencen a afectar tus emociones y a socavar tus convicciones recientemente adquiridas.

Tené mucho cuidado con las victorias; recordá que dos meses limpio es solo el comienzo. Ser constante, cuando estás atravesando un tiempo de victoria, también puede resultar difícil. En muchos casos las pequeñas victorias producen cierto relajamiento y un "bajar la guardia" que puede conducir rápidamente a ciertos "permisos", los cuales poco a poco te van a arrastrar nuevamente al estado inicial. Eliminá de tu cabeza la idea del "ya está, me siento bien, el proceso terminó...".

"Pero entonces ¿cuándo voy a poder decir que no voy a luchar más con el deseo de ver pornografía?".

"*Nunca.* Vas a luchar toda tu vida, pero no te angusties, la lucha del futuro no va a ser como la de hoy...".

"¿Qué pasa si caigo?".

Entender que muy probablemente caigas, te libera de la carga que quizás ya asumiste; lo cual obviamente no significa que tomes con liviandad el hecho de la posible caída.

¿Qué hacer entonces cada vez que "vuelvas como el perro a su vómito y como la puerca lavada al lodo"? Volver a quitarte el lodo, volver a levantarte... *perseverar* más allá de todas las caídas que puedas tener.

Soy consciente de que, a todo lo anterior, le falta una melodía conmovedora de fondo para transformarse automáticamente en la clásica motivación de poca monta... Sin embargo, y más allá de los clichés, no deja de ser totalmente cierto respecto a lo que deberías hacer.

Ahora bien, prestá mucha atención a lo siguiente: La parte más importante de tu restauración está ligada a tu relación con Dios. La noticia para vos es que cuando estés deseoso de gratificación sexual –ya sea queriendo efectivamente mantener relaciones sexuales, ver pornografía, masturbarte, o simplemente dar rienda suelta a tus pensamientos (fantasías)– no vas a querer otra cosa que satisfacerte, no vas a querer buscar a Dios justamente...

Para que se te fije: *Cuando estés deseoso de gratificación sexual, no vas a querer otra cosa.*

Debés decidir antes –cuando estás "frío"– qué es lo que vas a hacer cuando llegue ese momento y perseverar en las decisiones tomadas mas allá de los embates hormonales. Tenés que elaborar junto a quien te está guiando en el proceso de tu restauración un protocolo de emergencia, un manual de procedimiento ante la tentación.

Aquí es donde se abre la puerta a las siguientes herramientas: *Disciplina* y *esfuerzo.*

La disciplina es un "conjunto de reglas o normas cuyo cumplimiento de manera constante conducen a cierto resultado". Evidentemente debés ser disciplinado, más aun teniendo en cuenta que en los momentos de crisis –cuando las fuerzas para luchar se diluyen y aumenta significativamente el deseo de gratificación sexual–, todos aquellos valores, creencias, convicciones, todo lo que te prometiste a vos mismo una y mil veces, comienzan a tambalear.

Tenés que mantener la disciplina (el sostenimiento de las reglas que fijaste para la restauración) con más fuerza que nunca, ya que la presión que ejerce el deseo de gratificación –producto de la angustia, cansancio, tristeza, soledad, frustración, etcétera– más el mismo deseo/necesidad sexual, hacen que se te nuble el entendimiento, que se bloquee tu capacidad de pensar racionalmente. Todo esto se vivencia de una forma tan intensa, es tan fuerte la sensación de urgencia hacia la gratificación que se torna muy difícil mantener en pie todo lo prometido un día antes...

Y entonces... ¿qué puedo hacer...?

Dominio propio, obediencia automática a la regla establecida, casi como un acto reflejo. No pienses, ¡actuá...! Si pensás, te justificás. Si te justificás, caés. Cuando aparezca la tentación, la idea, el pensamiento, tenés que activar el protocolo de emergencia, dejar tu cerebro en modo básico... y ejecutar el plan sin detenerte a pensar. Lo siguiente es salir de la escena donde se produjo la tentación, tenés que salir de ese lugar donde la presión se percibe como casi irresistible, debés "enfriarte", dejar que vaya menguando ese impulso.

Una vez fuera de la zona de peligro, tenés permiso de encender el cerebro; ahí es cuando debés buscar ayuda de Dios, obviamente, pero también de la persona puesta por Él para guiarte en el proceso.

No des lugar a la argumentación.

No des lugar a la justificación.

No des lugar a la autocompasión.

El *dominio propio* es la capacidad de contener los impulsos, gestionar las emociones surgidas, tolerar la frustración, etcétera. Vas a necesitar ejercer dominio propio; sobre todo en aquellos momentos en los que sean más fuertes tus deseos de gratificación/satisfacción.

Llegado a este punto precisás saber algo: vas a adquirir muchas herramientas, entenderás mucho acerca de cómo funcionás, vas a estar convencido sobre la necesidad de cambiar tu realidad; no obstante, siempre serás vos el que esté ahí cuando la crisis asome; y serás vos, en definitiva, quien decidirá darle curso a los fuertes impulsos que arremeten desde tu interior o ejercer justamente el domino propio.

Hace cerca de cincuenta años Walter Mischel realizó un experimento cuyos resultados están en su libro *El test de la golosina.*

Allí explica que el autocontrol es una de las llaves del triunfo futuro de la persona; aquellas personas que pueden tomar el control de sus acciones son las que pueden mantenerse fieles a sus principios, logran alcanzar sus objetivos, tienen mayor capacidad para perseverar, son más estables emocionalmente, tienen más desarrollada la capacidad de la resiliencia, no son tan proclives a la depresión, etcétera.

Mischel, en su experimento, tomó un grupo de niños de cuatro años y a cada uno le entregó una golosina y una consigna. Los niños debían ser capaces de esperar veinte minutos sin comerse dicha golosina, si lo lograban recibirían como recompensa una segunda golosina. La idea central del experimento era comprobar cuáles eran los niños capaces de postergar sus deseos de comer la golosina en pos de una recompensa mayor y cuáles no podían resistir las tentaciones y controlar sus impulsos. Luego de varios años pudo corroborarse diferencias significativas entre estos dos grupos de niños (ya adultos).

Aquellos que habían esperado –los que tuvieron *dominio propio*– fueron los que, de alguna manera, lograron ser más exitosos y emprendedores, estables, comprometidos; aquellos que pudieron terminar sus carreras universitarias con mejores calificaciones, obtuvieron los mejores empleos, fueron más capaces de enfrentar las frustraciones de la vida, etcétera.

La capacidad de aplazar la gratificación, la determinación en la disciplina está directamente vinculada al éxito en todo sentido. Tener en mente la *imagen del futuro deseado* y de esta forma dejar de lado lo que se anhela aquí y ahora, ayuda y mucho en el proceso de restauración.

Vos entendés perfectamente de qué estamos hablando, tenés que tener rapidez espiritual para que, cuando llegue ese momento (que puede aparecer varias veces por día), puedas salir en victoria.

A medida que vayas haciendo esto van a pasar algunas cosas:

- Vas a adquirir un hábito, la capacidad de hacer algo de forma automática sin la necesaria intervención de la razón. Simplemente lo vas a hacer.

- Tendrás varios días de estar limpio y no vas a querer arruinarlo, eso te dará fortaleza; ver los primeros resultados va a alentarte para seguir.

- Si bien es cierto que vas a ser tentado hasta que te mueras, cuando pase el tiempo notarás que las tentaciones no son tan frecuentes como cuando iniciaste el proceso de restauración. Recordá: *Cuando estés deseoso de gratificación sexual, no vas a querer otra cosa.*

Por eso disciplinate, seguí las reglas de tu recuperación aunque "no lo sientas", aunque no tengas ganas, aunque no quieras.

Disciplinate a la hora de mantener tu relación con Dios, **que tu**

vínculo con el Creador no esté regulado por algo tan variable como tus ganas.

"No… bueno, hoy no leí la Biblia porque no quise…".

Por último, un breve comentario sobre el esfuerzo. Como habrás notado, las fuerzas de la mañana no son las de la noche. Cuando comienza el día estás con las fuerzas intactas, totalmente predispuesto, pero –como vimos anteriormente– esta determinación no siempre puede mantenerse y por esta misma razón necesitás esforzarte. En ese preciso momento es cuando sos más propenso a consumir pornografía. Muchas veces vas a tener que esforzarte en la lucha con tu propio yo, negarte a vos mismo, a todos los impulsos que presionan desde tu interior y que claman por satisfacción inmediata.

"He sido crucificado con Cristo, y ya no vivo yo, sino que Cristo vive en mí…" (Gálatas 2:20 NVI).

Luchar contra esa parte tuya que se desespera, se pone de mal humor, se angustia; ese yo interno que esgrime con precisión quirúrgica los argumentos más contundentes del mundo para convencerte de:

Que debés ver pornografía
Que no tiene sentido el esfuerzo
Que no vas a poder cambiar
Que es solo por "esta vez"
Que lo único que te va a calmar es eso…
Que nadie te entiende
Que es demasiado fuerte la tentación
Que te lo merecés…

¿Notás que te desconocés en esos momentos? ¿Te diste cuenta cómo cambiás cuando arremete el hambre? No admitimos la posibilidad de tener "hambre", simplemente no lo toleramos. Pareciera ser que cuando estás *ahí* todas las reglas, las convicciones, tus ideales pasan a un segundo plano y solo rige la regla de la urgente satisfacción. *Ahí* la gratificación está totalmente justificada, los argumentos son completamente coherentes y aparece la sensación de que solamente consumiendo desaparecerá la angustia. Es como una especie de realidad paralela que va activándose a medida que comienza a aparecer en escena el "hambre".

El hambre bloquea tus convicciones, y para vencer a este enemigo necesitás esforzarte y mucho…

Esforzate y sé valiente. Recordá que: *"Él da esfuerzo al cansado, y multiplica las fuerzas al que no tiene ningunas"* (Isaías 40:29 RVR).

Por último, algo a tener en cuenta y que resulta de máxima importancia: Estamos muy acostumbrados a darle curso a lo que sentimos, a seguir los impulsos que arremeten desde nuestro interior; es como que el simple deseo de algo lo transforma no solo en necesario, sino también en obligatorio. No admitimos la posibilidad de vivir con "hambre", no aceptamos cargar con la tensión. No toleramos el hecho de experimentar la presión que ejerce el deseo sexual, no queremos controlarnos, no soportamos la espera.

No admitimos tener hambre y no comer.

Oramos a Dios pidiéndole que nos quite esa "sensación" porque no queremos ejercer el dominio propio, creemos (estamos convencidos) que hay que hacerle caso a nuestro corazón y a todas las sensaciones que pujan dentro de nosotros. Esperamos que Dios haga su trabajo mientras vivimos sin experimentar ningún conflicto; nuestro esfuerzo se reduce a una oración cargada de la esperanza de que Él haga lo que tiene que hacer, librarnos de todo lo que nos molesta. Todo debe transcurrir fácil y sin esfuerzo. Queremos magia.

Estoy absolutamente convencido de que lo que Dios quiere es que maduremos, que aceptemos que esta es la realidad, que vamos a experimentar tensiones, conflictos, problemas, dificultades; en fin ¡que vamos a tener hambre! Que vamos a tener deseos sexuales, y que el hecho de estar sujeto a estas presiones es normal. Debemos aprender a gestionar/controlar lo que pasa dentro de nosotros. Debemos aprender a vivir con "hambre".

Por otro lado, no podemos dejar de decir que mucho de lo que nos sucede es producto de nuestro accionar; el deseo casi desesperante de gratificarnos es generado por la información que cargamos, las cosas que hacemos, vemos, escuchamos, pensamos... Comenzar a controlar lo que consumimos a diario, y los pensamientos que tenemos nos ayudará a ganar esta batalla.

TENER UNA IMAGEN DEL FUTURO DESEADO

La ausencia de rumbo, la imposibilidad de proyectarme hacia el futuro, muchas veces me transforman en un habitué del aquí y ahora. Cuando acostumbro a vivir sin mayores expectativas que lo inmediato, todos los recursos se enfocan en la satisfacción de lo deseado. Para salir de la esclavitud de la pornografía, el siguiente paso es romper el círculo vicioso que representa *el aquí y el ahora*.

El proveedor por excelencia de fuerzas es Dios. Y una de las formas en las que nos da las fuerzas necesarias para enfrentar nuestra recuperación es un objetivo, un sueño, una visión, *una imagen del futuro deseado...*

El sueño de formar una familia sana (o incluso pàra aquellos que ya formaron su familia), poder desarrollar todo mi potencial, ser aquello para lo cual Dios me llamó, inyecta energía para el día a día. La imagen del futuro deseado le da sentido al esfuerzo. Estoy invirtiendo todos estos recursos en algo muy valioso, si me niego a la satisfacción inmediata es porque espero algo muchísimo mejor.

Hasta acá, nos hemos encontrado con una serie de desafíos respecto a la restauración. Tuvimos que vencer la negación, la minimización y relativización del problema. Desterrar la idea de que todos ven pornografía y por lo tanto, "mal de muchos, consuelo de tontos". Romper el orgullo y confesar. Arrepentirnos y tomar decisiones radicales como, por ejemplo, rendir cuentas. Erradicar las fantasías y cambiar nuestra manera de pensar. Encontrar en Jesús nuestra satisfacción, sanar las heridas y aprender a enfrentar, tolerar y superar nuestras frustraciones. Por último, desarrollar la capacidad de ser pacientes, constantes, perseverantes, disciplinados y esforzados.

Y ahora nos vemos frente a un nuevo desafío: Aprender a soñar, o quizás, volver a soñar. Si no existe un horizonte hacia el cual caminar, el pozo siempre va a estar disponible. La desesperanza en la que se encuentran muchos adolescentes, jóvenes e incluso adultos, torna muy complejo el proceso de la restauración.

"¿Para qué esforzarme? ¿Qué sentido tiene todo este sacrificio?".

Para muchos el sueño de una familia sana, la posibilidad de tener un título universitario, la chance de acceder al trabajo deseado, etcétera, muchas veces tiene carácter utópico, es tan solo eso... un sueño.

El pasado que aún duele, los propios miedos, la mediocridad, la ausencia de ejemplos cercanos que vuelvan verosímil la posibilidad de desarrollarte, la incertidumbre del momento en el que vivimos y una multiplicidad de condicionantes más erosionan la esperanza de un cambio real, de un futuro alentador.

Sin embargo, y esto es lo maravilloso de nuestro Dios, Él te dice que tus limitaciones son la orilla donde te espera para levantarte y manifestar su poder en vos; cuando no tenés solución aparente Él abre el Mar Rojo frente a tus ojos. Y esto ya no tiene que ver con tus capacidades, ni con lo que puedas lograr con meros esfuerzos de parte tuya. Él va a llevarte mucho más allá de lo que puedas llegar a imaginarte.

"... No es por el poder ni por la fuerza, sino por mi Espíritu, dice el Señor de los Ejércitos Celestiales" (Zacarías 4:6 NVI).

Y ahora, que toda la gloria sea para Dios, quien puede lograr mucho más de lo que pudiéramos pedir o incluso imaginar mediante su gran poder, que actúa en nosotros.
- Efesios 3:20 NTV

... Ningún ojo ha visto, ningún oído ha escuchado, ninguna mente ha imaginado lo que Dios tiene preparado para quienes lo aman.
– 1 Corintios 2:9 NTV

Con esto en mente animate no solo a verte limpio y libre de la pornografía, sino también soñate estando en el lugar al cual Dios te llama, desarrollando todo lo que tenés para dar, siendo lo que realmente sos. Cuando comenzás a *ver ese lugar* te resulta mucho más sencillo resignar la gratificación instantánea que promete el mundo del *porno*.

No pierdas la esperanza de estar limpio. Abandoná esa pesada mochila llena de culpa que no te deja levantar la mirada.

No te acostumbres a sentirte un hipócrita.

Acordate que del pozo se sale, y el barro se limpia.

Una familia sana no es una quimera, es una realidad perfectamente alcanzable.

Hacer y ser aquello para lo cual Dios te llamó no es tan solo una frase, es tu deber y tu destino. Pero, además, es un excelente motivador.

Generalmente se habla en la iglesia de "identidad" haciendo alusión a la *identidad de base,* al común denominador, a aquello que somos *todos* los cristianos (hijos de Dios, sal y luz, reyes y sacerdotes, etcétera); y muy poco de la *identidad específica,* es decir, aquello que cada uno es de forma individual, puntual. Esto tiene que ver con lo que Dios nos llamó a ser y a hacer, con lo que muchas veces denominamos el "propósito".

Soñar con esa posibilidad es otra de las razones que van a impulsarte a salir adelante, es mucho más probable que tengas mayor éxito en cambiar cuando tengas bien definido lo siguiente: "¿Por qué tengo que cambiar?". Sobre todo cuando sepas con certeza el lugar hacia donde vas, definir tu propósito, y fijar objetivos claros. Luchar de forma impulsiva, motivado solamente por las emociones y desprovisto de la necesaria planificación de la restauración puede derivar rápidamente en recaída, frustración y abandono del camino.

Tomate ciento veinte segundos, imaginate restaurado, ya habiendo formado una familia y desarrollando tu llamado. Dejá de leer... tomate ciento veinte segundos.

Está bueno, ¿no? Se puede, no es una utopía, ¡es la realidad hacia la que vas!

NUEVA VIDA, NUEVAS COSTUMBRES - SUSTITUCIÓN

Es necesario tener en cuenta que la persona que es adicta a la pornografía elaboró todo un sistema de vida y de gratificación que gira en torno al consumo. La sola supresión de dicho consumo genera vacío y una sensación de pérdida que afecta de forma significativa el estado de ánimo y lleva al malestar generalizado. Esta situación displacentera debe ser abordada de forma sabia y planificada; no se trata simplemente de la eliminación de una conducta destructiva.

Llenar el vacío, compensar la pérdida. Sustituir, reemplazar el consumo de pornografía por actividades y pensamientos sanos, redirigir el foco de atención...

El consumo de pornografía va mucho más allá del momento específico en el que se está viendo/escuchando/leyendo el material; es lo que representa para la persona: la muleta, la compañía, el desahogo, el disfrute, la anestesia, el escape, etcétera.

> La persona aprendió a caminar y depender de ese veneno, y ahora que la droga desaparece el vacío resulta insoportable.

Por otro lado, aún no adquirió las herramientas necesarias para resolver sana y satisfactoriamente los conflictos (pasados y cotidianos), así como tampoco a gratificarse sin la mediación de la droga. Como paso necesario en el camino de la restauración está, justamente, la adquisición de nuevos hábitos (pensamientos y actividades).

Respecto al tema de los pensamientos, algo ya hablamos en el apartado: *La batalla de la mente - Fantasías, tentaciones*. En cuanto a lo que tiene que ver con actividades que reemplacen al consumo de pornografía, recomendamos por supuesto que sean actividades sanas, y no justamente aquellas que puedan funcionar como "otra droga". Por ejemplo, los videos juegos pueden transformase en otra adicción.

Las actividades que sugerimos tienen que reunir algunas de las siguientes características: tienen que ser, por supuesto, sanas y reportar algún tipo de gratificación. Es ideal hacer cosas que saquen el foco de uno mismo, en este sentido todo lo que hacemos por otro tiene el triple efecto de quitar la atención del propio problema, rompe con el aislamiento en que muchas veces se encuentra el adicto, y por otro lado, genera una enorme satisfacción el hecho de bendecir a otra persona ("... *Hay más bendición en dar que en recibir*" Hechos 20:35 NTV), sobre todo cuando, como "actividad", nos dedicamos a hacer aquello para lo cual fuimos diseñados por nuestro Creador, "eso" que de alguna manera el consumo de pornografía bloqueó/postergó/desvió.

Este tipo de actividades, además, son un medio eficaz a la hora de modificar nuestro estado de ánimo; hacer algo placentero nos desenfoca/distrae del dolor aunque sea por un tiempo (cuidado, no se trata de tapar el dolor con activismo, eso sería casi como cambiar de droga). Es muy difícil estar enojado/molesto/angustiado cuando se está disfrutando de algo.

Estas actividades, además de ser placenteras, ponen un límite a la cadena casi infinita de pensamientos y sentimientos que muchas veces son el preludio del consumo de pornografía.

El reemplazo no solo debe apuntar a la sustitución de la pornografía; lo que se cambia es la manera de vivir, pensamientos, actitudes y comportamientos. El cambio de vida implica una reestructuración de lo cotidiano; tal vez sea necesario reemplazar ciertos consumos que no hacen más que estimular el deseo de ver *porno* (música, redes sociales, series, películas), reevaluar ciertas amistades, "cortar/bloquear" ciertos contactos a través de las redes sociales y *whatsapp* (también relaciones de contacto real), y establecer una comunicación/relación sana y provechosa con personas que edifiquen nuestras vidas. Comenzar a ponerle un freno a lo que vemos en la calle, a los mismos pensamientos y elegir voluntaria, estratégica y espiritualmente las cosas en las que debemos pensar y las cosas que debemos hacer.

Para decirlo de manera absolutamente clara: ¿viste cuando tus ojos no dejan de "examinar" el cuerpo ajeno? ¿O cuando en tu mente establecés una serie de escenas que te avergonzaría contar? Vos entendés perfectamente.

Decidir no pensar en lo que no tengo que pensar, elegir de manera voluntaria en qué cosas voy a pensar. Decidir alegrarme en Dios y no preocuparme por nada. Decidir orar en lugar de quejarme (Filipenses 4). Reemplazar la apatía espiritual por una ardiente pasión por Jesús, comenzar a leer su Palabra con ávida voluntad de escuchar lo que Él tiene para decir. Decisiones. Determinaciones...

No practiques el alcohetismo:

En la primavera, que era la época en que los reyes salían de

campaña, David mandó a Joab con la guardia real y todo el ejército de Israel para que aniquilara a los amonitas y sitiara la ciudad de Rabá. Pero David se quedó en Jerusalén.
Una tarde, al levantarse David de la cama, comenzó a pasearse por la azotea del palacio, y desde allí vio a una mujer que se estaba bañando. La mujer era sumamente hermosa, por lo que David mandó que averiguaran quién era, y le informaron: "Se trata de Betsabé, que es hija de Elián y esposa de Urías el hitita". Entonces David ordenó que la llevaran a su presencia y, cuando Betsabé llegó, él se acostó con ella. Después de eso, ella volvió a su casa. Hacía poco que Betsabé se había purificado de su menstruación, así que quedó embarazada y se lo hizo saber a David.
– 2 Samuel 11:1-5 NVI

Tené mucho cuidado con tus tiempos libres, cuando no estás haciendo lo que tenés que hacer; cuando no hacés lo que debés hacer y estás en el lugar equivocado sos más proclive a hacer lo que no tenés que hacer.

Por último, acá te damos una serie de actividades que hacer como sustituto de los malos hábitos:
   –Leer un libro por mes.
   –Hacer ejercicio físico sesenta minutos por día.
   –Hacer algún curso de tu interés.
   –Descansar adecuadamente (física y mentalmente).
   –Tener algún hobbie.
   –Disfrutar de amistades sanas y edificantes.
   –Practicar la solidaridad.
   –Involucrarte activamente en el trabajo de la iglesia.
   –Disciplinar tu espiritualidad.

Entrenate, estamos en guerra - Disciplina espiritual

Hay una realidad que no podemos soslayar, y negarla no hace que desaparezca: estamos en guerra, te guste o no, estés o no de acuerdo, lo creas o no.

La lucha contra la pornografía es, además de todo lo dicho anteriormente, espiritual. Satanás quiere mantenerte en el pozo y lleno de barro, quiere hacerte creer que las cosas nunca van a cambiar. Tu naturaleza pecaminosa también va a encargarse de que creas que no podés sobrevivir sin *porno*.

Cuando la tentación (el detonante) llega, muchas veces no tenemos ni las armas, ni las fuerzas. No estamos entrenados, no estamos en una relación con nuestro Rey. La guerra en la que estamos inmersos no tiene pausa, es continua y no depende de que seas consciente de ella o no; estés o no de acuerdo, simplemente está, sucede, y sus efectos se hacen sentir. De allí la necesidad de comprender por un lado y actuar por otro en relación a esta realidad.

Buscar con pasión al Creador de universo, clamar, velar, no son solo frases o palabras "espiritualmente correctas", representan una necesidad real y concreta. Leer su Palabra no solo nos alimenta, nos da las armas (2 Corintios 10:4-5, Efesios 6:10-18) para la lucha en la que estamos.

Debés ser disciplinado y esforzado en esto también, los *ejercicios espirituales* te preparan para esta guerra; nuestras armas no son carnales, ¡son espirituales y poderosas en Dios! Y, como ya sabés, nuestra lucha no es contra carne ni sangre, es contra el mismo infierno. Son los demonios quienes te acusan, persiguen y pelean incansablemente para que caigas. Nunca van a dejar de hacerlo. Cuando comiences el proceso de restauración vas a notar que las tentaciones son más fuertes que nunca, la sensación de que es imposible salir será recurrente y cuando caigas la culpa, el remordimiento y la frustración parecerán insoportables.

Satanás opera así, al principio te convence de que el *porno* es justamente lo que necesitás, que solo eso te va a calmar. Luego, una vez que consumiste, te convence de que sos la peor basura del mundo.

Quizás leas esto con cierto escepticismo, no obstante, es necesario que sepas que no se trata de ciencia ficción; muchos adictos sufren pesadillas nocturnas, profundas depresiones, deseos de quitarse la vida. La guerra es real, te guste o no, estés o no de acuerdo, lo creas o no.

Tenés que saber que con cada decisión/consumo le das autoridad sobre tu vida y la de tu familia, le abrís una puerta al infierno en la vida de tus hijos.

El objetivo de Satanás es matarte, truncarte, desviarte, sumergirte en un mar de angustias, meterte en un laberinto sin salida, distraerte, sacarte de foco. Y encuentra en vos un punto débil, una pista de aterrizaje: el área sexual.

TIPS
CONSEJOS DESDE LA PRÁCTICA

En este capítulo vamos a darte algunos *tips prácticos*. Vivir libre de pornografía es realmente posible. No te garantizamos que sea sencillo, no podemos asegurarte que no van a existir recaídas. Seguramente en medio de tu proceso de restauración pienses que es imposible, que no vale la pena el esfuerzo, que nunca vas a cambiar, etcétera. Esos pensamientos los tienen todos los que inician este camino, casi podríamos decir que es normal que suceda; no obstante, la luz siempre aparece al final del trayecto de aquellos que se aferran a Dios, no se rinden y siguen las instrucciones.

CERRAR

Luego de haber comenzado el proceso de restauración, tenés que *cerrar todas las puertas al consumo de porno*. Y acá, otra vez, debemos hablar de decisiones radicales. Para que la restauración se pueda llevar adelante quizás sea necesario que tomes ciertas medidas que, probablemente, te parezcan extremas. La realidad es que necesitás caminar lo más lejos posible del borde.

Del libro de **evae** tomamos el siguiente fragmento:

No debemos especular pensando que tenemos la situación bajo control, resulta más fácil decir "no" cuando estamos lejos del borde.

Ahora bien, cuando jugamos con los límites, y los besos son cada vez más intensos y los abrazos más fuertes, la voluntad de vivir en santidad comienza a flaquear. Para cuando llega el momento de las caricias indebidas se podría decir que estamos resbalando en la cornisa. Debemos mantenernos lejos del borde, lejos de situaciones riesgosas.

Como dice un tal Pablo: "Si ustedes piensan que están firmes, tengan cuidado de no caer". La mejor manera de estar firme y no caer, no es creer que no vas a caer, es caminar lejos del borde. Por eso es que necesitás reevaluar las cosas con las que te nutrís a diario.

Tené cuidado de lo que ves en las redes sociales, páginas webs, publicidades, TV, series, películas; incluso de lo que ves en la vida *real*, si tu ojo derecho se posa en el escote ajeno, sacátelo; si tu cabeza no deja de fantasear con la otra persona, y si tu ojo izquierdo no deja de mirar esas calzas bien calzadas, tendrás que quedarte ciego...

Elegí cuidadosamente la música que escuchás, y las personas con las que te relacionás. Hay personas con las que quizás no debas relacionarte más, y música que definitivamente no deberías escuchar. *"Ni den cabida al diablo"* (Efesios 4:27 NVI).

También tenés que estar consciente de qué lugares son convenientes y cuáles no. Sabés perfectamente que, en ciertos ambientes, estás expuesto a conversaciones, hechos y contenidos que no hacen más que desatar tu "pasión".

Por último, si en vistas de tu recuperación resulta necesario tener que prescindir (aunque sea por un tiempo) de los dispositivos electrónicos (celular, *tablet*, PC, *notebook*) que son la puerta al consumo, ¡hacelo!

¿Cuánto vale tu liberación? ¿Qué estás dispuesto a entregar?

ANTICIPAR

¿Qué hago cuando llega la tentación? Tener la ilusión de que en algún momento de tu vida las tentaciones desaparecerán... es eso, una ilusión. Acostumbrate, vas a ser tentado hasta que te mueras...

Por esta misma razón es que te proponemos una alternativa a la ilusión. ¡Anticipate! Te animo a ir siempre un paso adelante, tener la capacidad de detectar el problema a kilómetros de distancia, a sentir el olor a cable quemando antes que la casa esté en llamas.

Protocolo de salida

Elaborá, junto a la persona que te está ayudando en tu recuperación, un manual de procedimiento ante la tentación; un *Protocolo de salida.* Este debe consistir en una serie de acciones a ejecutarse frente a una situación determinada –en este caso cuando aparece la tentación–, ante la presencia de alguno de los detonantes citados en La raíz y la entrada. Este protocolo se ejecuta sin pensar, sin cuestionamientos; sencillamente se obedece. Es importante que sea así debido a que en el mismo instante en que le diste lugar a los argumentos en tu mente, estás a un paso de justificarte (recordá el ciclo de la adicción).

A continuación algunos casos reales que sirven como ejemplo:

CASO 1:

Hoy llegué a casa, y mis papás estaban discutiendo (cada vez que pasa eso, me pongo mal). Ya venía de unas semanas un tanto complicadas, mal en la facu, sintiéndome solo, medio triste, y, de vez en cuando, con ciertos deseos de ver porno. Es más, en esta misma semana estuve bastante tentado. Ahora estoy en mi habitación, y se me acaba de cruzar la idea de consumir.

Protocolo de salida:
En el mismo instante en que aparece el pensamiento hacé lo siguiente:

- Salí de tu habitación, salí de tu casa de ser posible (no ores, solo salí).
- Una vez fuera del lugar de la tentación, desarmá el celu (batería, chip, dispositivo).
- Buscá a Dios.
- Dejá pasar un tiempo para "enfriarte".
- Sacá el pensamiento, y enfocate en lo que tenés que enfocarte (cambia tus pensamientos).
- Si podés salir a caminar, mejor aún.
- Cuando estés listo (frío) mandá un mensaje a la persona que te está ayudando explicándole lo que sucedió.

CASO 2:

Este último tiempo se me está complicando. Encima estamos cerca del verano y las chicas en la calle ya están usando esa ropa que... ya sabés...

En el trabajo ya ni se puede estar, todo el tiempo hablan de lo mismo (mujeres, porno) y yo no soy de palo, la verdad es que me cuesta bastante salir de ahí; además, para ser sincero, me gusta. Todo el tiempo estoy luchando con mis ganas de masturbarme y ver porno. Hoy llegué a mi punto límite, en el horario del almuerzo mis compañeros pusieron un video. No lo vi, pero escuché. No sabes cómo estoy... Tengo ganas de ir al baño, ¿me entendés, no?

Protocolo de salida:
- Salí del espacio donde se produjo la tentación (dejá ahí mismo el celular).
- Como estás en el trabajo y no podés irte, enfocate en Jesús. Hacé el esfuerzo.
- Sacá el pensamiento, y enfocate en lo que tenés que enfocarte (cambiá tus pensamientos).
- Buscá a alguien para hablar de cualquier otra cosa (sana, obviamente).
- Concentrate nuevamente en tu trabajo.
- Cuando estés listo (frío), mandá un mensaje a la persona que te está ayudando explicándole lo que sucedió.

CASO 3:

Cuando me casé, creía que mis problemas con la masturbación y la pornografía se habían terminado. ¡Ahora ya estaba casado! Pero al poco tiempo me di cuenta de que no era así.

Mientras teníamos buena intimidad con Cami estaba todo bien, pero no sé qué pasó, y ella como que fue perdiendo el interés en mí. No sé, es como que ya no tiene ganas, y cada vez que discutimos me castiga y nada de sexo. Cada vez que ella se niega, me desespero. Me pongo de mal humor, me da bronca, hasta siento como una especie de odio (no es que la odie, pero me pasa eso). Hoy discutimos a la mañana, ahora estoy en el tren pensando en lo que va a pasar cuando llegue y ya me está agarrando bronca. Es más, quiero ver *porno* e irme a dormir.

Protocolo de salida:
- Cuando llegues a tu casa abrazá a tu esposa y decile que la amás. Luego:
- Apagá el celular (hasta el otro día).
- Sacá el pensamiento, y enfocate en lo que tenés que enfocarte (cambia tus pensamientos).
- Buscá un espacio libre de tentaciones donde poder buscar al Señor unos diez minutos.
- Proponele a tu esposa salir a caminar unos minutos, o ir a tomar un helado, o tomar unos mates, etcétera.
- Cuando estés más tranquilo, tomate un tiempo para orar junto a tu esposa.
- Cuando estés listo (frío), mandale un mensaje a la persona que te está ayudando explicándole lo que sucedió.
- Luego, volvé a apagar el celular.

Reconocé los detonantes

Tenés que ver la jugada antes, tenés que ser consciente de tu contexto, tu interior (emociones, sentimientos, pensamientos), tus reacciones y comportamientos y, por supuesto, tu situación espiritual (cómo está tu relación con Dios). Cuando ves que se aproxima la tormenta es más fácil decidir, cuando estás en medio de la tormenta se reduce significativamente tu capacidad de respuesta. Tenés que aprender a detectar los detonantes del consumo:

Mal humor, enojo, angustia, ansiedad, frustración, cansancio, estrés, soledad, desilusión, estado de excitación, deseo sexual intenso. Ciertos ambientes donde las tentaciones son grandes (escuela, trabajo, universidad, calle, club, etcétera).

Determinados consumos: Música, TV, películas, series, revistas, diarios, páginas webs, redes sociales, contenidos recibidos por *whatsapp*, etcétera.

Momentos de mucha presión: trabajo, responsabilidades, estrés, etcétera.

Problemas: laborales, familiares, matrimoniales, etcétera.

Demasiado tiempo libre, ocio, aburrimiento, un mal día y un gran etcétera.

Cuando detectás, por ejemplo, que estás comenzando a angustiarte, o estás de muy mal humor, o tuviste un mal día, no debés desestimar esa situación. Allí es donde tenés que instalar *sensores*. Estos te van a avisar cuando estas situaciones comiencen a asomarse. ¿A qué nos referimos con sensores? A un estado de alerta y consciencia, a estar atento a detectar los síntomas/signos que son el preludio del consumo de *porno*.

Ejemplo: Cuando comenzás a sentirte "un poco" mal. Allí debés abrir bien grandes los ojos y estar atento. No dejes pasar las sensaciones y sentimientos. Tomá medidas claras para volver al estado óptimo.

> Aprendé a conocerte a vos mismo, examinate. Es fundamental saber cuándo es que consumís, cuáles son las razones y los detonantes.

Una cosa a tener en cuenta es que, como ya habrás notado, las fuerzas con las que comenzás el día no son las mismas con las que lo terminás; por eso es importante que estés preparado para la noche que, justamente, es cuando más ganas tenés de consumir, y menos fuerzas para luchar. A la noche la caída es más fácil, a la noche sos más propenso a "meter la pata". ¿Por qué pensás que los boliches funcionan a la hora en que lo hacen? ¿Y por qué el alcohol? Todo se arma para tu desborde, para que pierdas el control de vos mismo.

Recomendación: andá a dormir temprano. La realidad es que la mayoría de las personas no hacen nada productivo pasadas las 23 horas (salvo contadas excepciones). Por eso no te engañes, dejá las redes, cortá con las series y andá a dormir, ¡descansá!

Abstinencia

Debés saber que cuando comiences el proceso de restauración, las primeras semanas serán casi insoportables; **lo que experimentás, producto de la abstinencia, es realmente muy fuerte y tenés que estar preparado de antemano para cuando llegue ese momento**. Van a ser los días más difíciles del proceso y lo tenés que saber.

Algunos de los síntomas que podés experimentar son: mal humor, ira, deseo desmedido de consumir y masturbarte, dolor en los genitales, dolor de cabeza, insomnio, dificultad para concentrarte, profunda angustia, nerviosismo, ansiedad, etcétera.

Luego, la situación irá cambiando paulatinamente; vas a ir "descontaminándote" por un lado y, por otro, adquiriendo poco a poco el hábito de vivir en santidad. La clave aquí es perseverar, rendir cuentas de forma constante, obedecer, y aferrarte a con todas tus fuerzas a Dios.

HUIR

Soldado que huye… sirve para otra guerra.

¿En qué momento debemos asesinar al dragón? ¿Cuándo aún está en el huevo o cuando mide seis metros de altura? Rechazá la tentación desde el comienzo, salí rápido de esa situación, no des lugar al pensamiento, desinstalá toda idea pecaminosa de tu mente, y hacelo rápido. ¡Huí de la tentación! Soldado que huye…

Huye de todo lo que estimule las pasiones juveniles. En cambio, sigue la vida recta, la fidelidad, el amor y la paz. Disfruta del compañerismo de los que invocan al Señor con un corazón puro.
– 2 Timoteo 2:22 NTV

En este sentido tenés que ser absolutamente radical, agresivo, contundente. No podés dar ni un segundo de ventaja, ya que la fuerza de la tentación es directamente proporcional al tiempo en el que está expuesta en tu mente; es decir, mientras más tiempo esté alojado un pensamiento, más difícil será erradicarlo. Como dice mi "ameo" Cristian Kehler: *"La tentación es como una mosca en una herida, si la dejás y no la sacás, deja gusanos. Y nadie quiere una vida agusanada..."*

No pienses, actuá. Si pensás te justificás. Si te justificás perdés.

... José era un joven muy apuesto y bien fornido, y la esposa de Potifar pronto comenzó a mirarlo con deseos sexuales.

–Ven y acuéstate conmigo –le ordenó ella.

Pero José se negó:

–Mire –le contestó–, mi amo confía en mí y me puso a cargo de todo lo que hay en su casa. Nadie aquí tiene más autoridad que yo. Él no me ha negado nada, con excepción de usted, porque es su esposa. ¿Cómo podría yo cometer semejante maldad? Sería un gran pecado contra Dios.

Día tras día, ella seguía presionando a José, pero él se negaba a acostarse con ella y la evitaba tanto como podía. Cierto día, sin embargo, José entró a hacer su trabajo y no había nadie más allí. Ella llegó, lo agarró del manto y le ordenó: "¡Vamos, acuéstate conmigo!". José se zafó de un tirón, pero dejó su manto en manos de ella *al salir corriendo de la casa.*

– Génesis 39:6-12 NTV

Huí, salí corriendo...

Aclaración: Tenés que diferenciar entre *prueba* y *tentación*. La prueba es para forjarnos, para mejorarnos (Santiago 1:2-4). En cambio, la tentación es para hacernos caer.

INTERRUMPIR LOS RITUALES

Los rituales son un conjunto de actitudes, pensamientos y comportamientos que preparan el terreno para el consumo; representan un camino bien definido, específico, que deriva en *porno*.

Una vez que se puso en marcha un ritual, es muy difícil de frenar; la persona ya está trabajando de forma activa para satisfacerse, se encuentra en un estado de obnubilación/encantamiento/éxtasis que dificulta el pensamiento racional y la desactivación de esta rutina. No obstante, se puede.

El punto crucial para interrumpir/desactivar el ciclo, es aprovechar las brechas que se abren en el ritual, y con esto nos referimos a esos breves instante de lucidez mental que suelen aparecer. Quizás esa brecha sea un pensamiento, como preguntarte: "¿Qué estoy haciendo?"; o una bendita interrupción externa del ritual, como que alguien te llame por teléfono (tu líder de jóvenes, por ejemplo. ¡*Ja... qué "casualidad"!*). Tenés que aprovechar esos momentos de desenfoque, de vuelta al mundo real, donde la voluntad gana un mínimo de terreno.

Con esto no queremos decir que los rituales sean imparables, ni que solo en aquellos instantes descriptos sea posible la interrupción; siempre se puede volver atrás, pero en esas "brechas temporales" resulta más sencillo hacerlo.

CONTROLAR

Generalmente la lucha no es constante, sino que son momentos específicos en los que aparece un fuerte deseo de consumir. Por eso, concentrá tus fuerzas en esos lapsos de tiempo, ahí debés ejercer el dominio propio. Controlate y soportá los embates; distraete, hacé otra cosa.

> Vas a notar que al principio la tentación/deseo parece imposible de resistir, pero luego comienza a disminuir su intensidad. La clave es soportar la tormenta.

Esto no es lo mismo que soportar la tentación, de ella se huye. Lo que queremos decir es que hay ciertos momentos que son inevitables; ciertas circunstancias van a suceder, y no hay otra posibilidad que enfrentarlas, tolerarlas y superarlas, o ceder/sucumbir/perder...

La clave está en poner la mirada en Jesús, pero de verdad, no como un cliché que queda muy bueno en un libro.

Tenés que tener el control de vos mismo, la lujuria no puede manejar los hilos de tu vida.

"Todo lo puedo en Cristo que me fortalece" (Filipenses 4:13 RVR60).

No podés seguir así. En algún momento tenés que tomar las riendas de tu vida y hacerte responsable de tus actos.

> No importa cuántos libros leas, no importa a cuántos congresos, conferencias, seminarios, o campamentos vayas. Siempre es lo mismo; estás vos, la tentación y tu decisión. Vos decidís, no esperes magia; no esperes vivir sin tentaciones. Lo que estás experimentando se llama "vida", y hay otras personas que viven lo mismo que vos.

Las tentaciones que enfrentan en su vida no son distintas de las que otros atraviesan. Y Dios es fiel; no permitirá que la tentación sea mayor de lo que puedan soportar. Cuando sean tentados, él les mostrará una salida, para que puedan resistir.
– 1 Corintios 10:13 NTV

Controlá, asimismo, tus pensamientos; no dejes que las fantasías sexuales se instalen en tu mente. Tampoco des lugar a pensamientos depresivos, derrotistas, etcétera. Tenés que saber que gran parte de la lucha está en tu mente. Controlate.

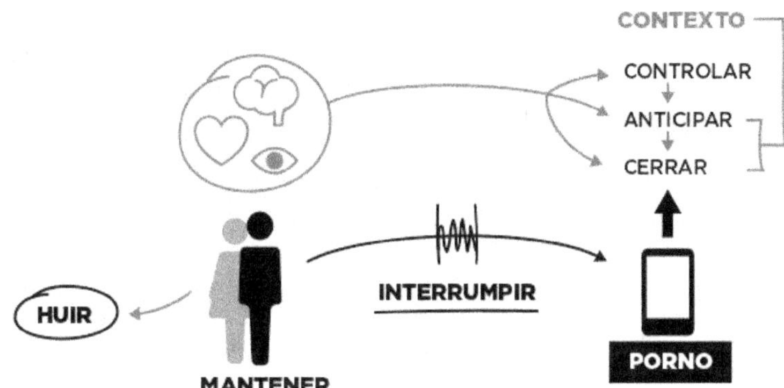

MANTENER

Mi oración es que llegues a este punto; si ya estás acá significa que la pornografía ha sido golpeada con gran fuerza y se encuentra tirada en piso. Pero, ¡no te descuides!, porque puede volver a levantarse y dar nuevamente pelea. Por eso es que tenés que mantenerte firme, constante y atento. Tenés que hacer de la santidad sexual un hábito, y para ello se necesita tomar diariamente decisiones que se mantengan en el tiempo hasta que se transformen en algo permanente, automático.

Sin permisos

Quiero que entiendas esto, prestá mucha atención a lo que sigue:

Lejos de lo que probablemente creas, el reinicio, la vuelta al chiquero, nunca, repito: *nunca* está lejos. Basta con un descuido, con ver una imagen o experimentar una situación determinada para que todo el sistema se reactive y vuelvas a foja cero, vuelvas como el perro a su vómito. Por eso es que tenés que estar con la guardia *siempre* alta.

Debés estar siempre atento, nunca relajado, sin darte "permisos". En la lucha por la santidad sexual no existen los llamados "permitidos", no te des ningún tipo de permiso. Para un adicto, un permitido/ permiso (desde permitirte masturbarte en un momento de tensión, presión, mal humor, excitación, etcétera, una fantasía sexual o simplemente permitirte ver una escena "subida de tono" en alguna película) puede ser fatal. Vos sabés perfectamente que nunca es *un* permiso; cuando te das uno, en breve son varios; luego todo se transforma en un volver a empezar y "remar en dulce de leche". Cuando se abre una pequeña fisura en la represa, pronto colapsa la contención. No des lugar, no concedas terreno ganado; un pensamiento, una imagen, una situación pueden volverte al lodo. Caminá lejos del borde.

Practiquen el dominio propio, ¡sean prudentes, sobrios y estén alerta! Cuídense de su gran enemigo, el diablo, porque anda al acecho como un león rugiente, buscando a quién devorar.
– 1 Pedro 5:8 (mix de RVC, RVR 1960, NVI y NTV)

Aclaración: Tampoco se trata de que vivas temeroso. ¡Tenés la victoria! Pero no te relajes...

Caminar lejos del borde

Caminar lejos del borde también implica ser consciente y controlar algunas situaciones anexas que pueden funcionar como detonantes. Ejemplos:
- Aceptar compromisos que sabés que no estás en condiciones de asumir y que van a generarte estrés, frustración y malestar.
- Discutir en momentos en los que no deberías; máxime cuando sabés que, como resultado de esa discusión, se va a alterar tu estado de ánimo.
- Elegir "encerrarte" en momentos en los que necesitas socializar.
- Estar con demasiado tiempo libre. Todo vacío tiende a llenarse. Cuando se acaban las alternativas de distracción (los "pasa-tiempos"), aparece la idea de ver *porno*. Cuidado con el ocio, no seas un profesional del *alcohetismo*.
- No chatees/mensajees/whatsapees/converses con personas que no resulta necesario hacerlo. ¿Para qué lo hacés? ¿Qué buscás *realmente*?

Y, por favor... no vengas con eso de:

"No pasa nada, somos amigos". Hace dieciocho años (2000-2018) que vengo escuchando esa frase... A papá mono con banana de plástico...

Basta de papas fritas

Creá un ambiente libre de basura, libre de cualquier contenido que no debas consumir. Seleccioná cuidadosamente la "comida" con la que vas a alimentar tu alma. Las papas fritas no son saludables, y ciertas series/películas/canciones tampoco...

Recordá la fábula de las dos fieras que luchan en tu interior. En este caso una de las fieras quiere ver *porno* y autosatisfacerse, la otra quiere agradar a Dios y vivir en santidad sexual. La que alimentes, ganará la batalla.

Dime con quién andas...

Elegí con sabiduría quiénes formarán tu círculo íntimo. Aquellas personas que serán tus verdaderos amigos, compañeros de batallas. Este privilegio no es para cualquiera, es solo un selecto (seleccionado por vos) grupo de personas. No estés solo en esta batalla.

Aunque no te guste

Rendí cuentas, no dejes de hacerlo. Tenés que ser pastoreado; todos debemos ser pastoreados, incluso los pastores. No dejes que el orgullo te gane, contalo todo.

Contalo todo, aunque no quieras.

Contalo todo, aunque te cueste.

Contalo todo, aunque no te guste.

Contalo todo, aunque te duela.

Tener como rutina dar cuenta de tus sentimientos, pensamientos, actitudes y comportamientos a un consejero no solo es saludable, es imprescindible para un adicto en recuperación.

Recaídas

Preparate para aquellos momentos en los que pase lo que no querés que pase. Soy completamente consciente de que no está en tus planes caer, no obstante, esto puede pasar. Las recaídas pueden suceder; sin embargo, eso no significa que sean inevitables, ni que sean necesarias en tu proceso de restauración.

Las recaídas no son generalmente accidentes, imponderables o situaciones que suceden de manera abrupta e inesperada. En realidad, en la mayor parte de los casos, son el resultado de microdecisiones, pequeños pasos, elecciones no convenientes, que, sumadas unas a las otras, van configurando un camino hacia ese oscuro lugar que creías abandonado.

Estas pequeñas decisiones aparentan no tener importancia en el momento en que se las toma, pero su efecto acumulativo tiene resultados muy negativos.

El Dr. Saúl Alvarado, Especialista en Medicina de la Adicción, enumera los siguientes síntomas previos a la recaída:

1. *Retorno del pensamiento obsesivo con respecto al uso:* Podrían ser pensamientos relativos al uso, sueños o deseos de usar que vuelven luego de que habían desaparecido.

2. *Actitud de desafío con respecto al plan de recuperación:* Volver a los lugares de riesgo, volver a ver a las personas relacionadas con el uso.

3. *Descuidar el plan de recuperación:* Dejar de ir a reuniones, o faltar a las citas con el terapeuta, dejar de leer o hacer ejercicio.

4. *Aislamiento o pérdida de contacto:* con las nuevas relaciones de recuperación.

5. *Irritabilidad:* especialmente en las relaciones significativas del adicto.

6. *Obsesión con la imagen o los defectos físicos:* dietas excesivas, preocupación excesiva acerca del peso.

7. *Sentimientos de depresión y ansiedad flotantes:* sobrevienen estados emocionales incómodos que no necesariamente se relacionan con ningún evento externo.

8. *Renacen o se exaltan los resentimientos hacia otras personas.*

9. *Discusiones frecuentes en el hogar y la familia.*

10. *Defensividad al hablar del tema de su recuperación o al ser retroalimentados.*

11. *Insomnio, intranquilidad y dificultad para descansar.*

12. *Preocupación obsesiva por el dinero y por la seguridad financiera.*

Tenés que trabajar en tu recuperación, por supuesto, sin pensar en que vas a recaer, pero sabiendo que puede pasar. Sobre todo para que, en el eventual caso en que suceda, esta situación no te desmoralice y no te quite las fuerzas de seguir en la batalla.

Importante: Caer no significa que todo lo logrado va a parar a la basura, pero tampoco obrar con la lógica de "qué le hace una mancha más al tigre".

Una vez que recaés, te volvés a levantar y no te das ningún permiso extra para seguir consumiendo. El proceso sigue.

CORTITO Y AL PIE

- Admití que no tenés el control, que solo no podés. Nunca dejes de depender de Dios.
- Elegí tus pensamientos, elegí tus amistades, elegí tus consumos.
- Rendí cuentas. Contá todo y sé obediente.
- No ocultes nada, no mientas. Siempre decí la verdad, aunque duela.
- No te escapes de las situaciones dolorosas, conflictivas, difíciles. Enfrentalas.
- No des lugar a la argumentación, mucho menos a la justificación.
- Con la tentación no se dialoga.
- No te aísles.
- Mantenete alerta, atento a los detonantes.
- "Monitoreá" regularmente tus sentimientos y pensamientos. Sé introspectivo.
- "Administrá", controlá, tus pensamientos y emociones.
- Prevení, caminá lejos del borde.
- Salí de conversaciones no convenientes.
- No tengas relaciones profundas con personas de otro sexo.
- Hacé una lista de las consecuencias del consumo de pornografía, leéla periódicamente.

- Mantenete ocupado, trabajá, estudiá, leé, hacé deportes. No practiques el *alcohetismo;* no estés ocioso.
- Realizá actividades sanas, que te hagan sentir bien.
- Descansá como es debido.
- Tomá las decisiones radicales que sean necesarias.
- Cerrá puertas, private por un tiempo de las tentadoras pantallas y nada de video juegos. Más aire libre, menos pantallas.
- Si ves TV, series o películas, hacelo acompañado.
- Sacá la PC de tu habitación, ponele clave y filtros.
- Eliminá o cambia tus cuentas en las redes sociales de ser necesario (Mateo 5:29).
- Eliminá contactos no convenientes.
- No uses dispositivos transportables (*notebook, tablet*) a menos que sea necesario.
- Usá el *celu* como herramienta de comunicación, no como espacio donde habitar.[1] Usalo para lo *necesario.* Si la situación amerita que prescindas de él, *just do it.*
- Salí de los grupos de *whatsapp* donde se compartan contenidos que te estimulen/exciten.
- Usá Internet para lo que sea *necesario,* no para distracción/entretenimiento. *Solo para lo necesario. N e c e s a r i o.* Se entiende, ¿no...?
- No entres a Internet ni uses dispositivos electrónicos cuando estás atravesando un tiempo difícil. En el caso de que debas usarlos (por temas de trabajo, por ejemplo), hacer solo lo estrictamente necesario y nada más.
- No cierres la puerta de tu habitación, siempre abierta.
- No vayas con el *celu/tablet* al baño.
- Saber a dónde vas le da sentido al esfuerzo. Soñá y caminá hacia allá.
- Fijá, junto a la persona que te está acompañando, objetivos a corto, mediano y largo plazo.
- Festejá cada victoria, reconocételas, valoralas.
- No te obsesiones con llegar. No pienses en todo lo que falta, pensá en los logros alcanzados.
- Tené siempre en mente que es un proceso, ¡ide a un paso a la vez!
- Las primeras semanas van a ser muy intensas, con mucha lucha. ¡Sé consciente de ello y aguantá!
- Tené en cuenta que podés caer. Si pasa, volvé a levantarte rápidamente (1 Juan 1:9, Romanos 8:1, 1 Juan 1:21).
- No te relajes, no bajes la guardia. Un tiempo limpio es solo el comienzo.

---

1 El *Smartphone* ya hace bastante tiempo dejó de ser un mero instrumento de comunicación para ser un complemento de la vida, un espacio donde habitar, un medio de entretenimiento, una herramienta anti-aburrimiento, una droga...

- A la tentación no se le hace frente, no se le resiste. ¡De la tentación se huye!
- Al diablo se le hace frente, se le resiste, y él huye...
- Hacé tus ejercicios espirituales.
- Poné tu confianza y esperanza en Jesús. De verdad.

La comida y la pornografía

Acostumbrate a vivir con hambre: No esperes a que llegue el día en que no tengas deseo de ver *porno*. Asumí que vas a tener hambre y controlate.

Aunque la mesa esté servida... no te sirvas: Aunque estén todas las condiciones de consumir, no lo hagas. Muchas veces vas a pasar por momentos en los que todo está dispuesto para consumir; pero tomá el control de tu vida, que el hambre no te ciegue.

Deja de pensar en comida: Si querés hacer dieta, sacá la comida de tu cabeza. Si querés vivir en santidad sexual, no dejes que tu mente se inunde de fantasías sexuales.

Por último, lo más importante en tu recuperación es tu relación con Dios; acá está el punto central del proceso. Siempre alerta, siempre centrado en Jesús. Esta es la clave.

Es *en Cristo* que vas a poder salir, son *sus* fuerzas, es *su* ayuda y compañía lo que necesitás –no solo para vivir en santidad, sino para todas las áreas de tu vida–.

Si tuvieras que hacer *solo una cosa* para poder ser libre de la pornografía, esta debería ser tener una relación fuerte y real con el Creador del universo.

PORNO-ADICCIÓN Y CEREBRO

"Ya que cada uno es esclavo de aquello que lo ha dominado"
(2 Pedro 2:19b NVI).

ADICCIÓN, DEFINICIONES

Según la Organización Mundial de la Salud (OMS):

Una adicción es una enfermedad física y psicoemocional que crea una dependencia o necesidad hacia una sustancia, actividad o relación.

Se caracteriza por un conjunto de signos y síntomas, en los que se involucran factores biológicos, genéticos, psicológicos y sociales. Es una enfermedad progresiva y fatal, caracterizada por episodios continuos de descontrol, distorsiones del pensamiento, y negación ante la enfermedad.

Según la RAE: Es la *"dependencia del consumo de alguna sustancia o de la práctica de alguna actividad"* nociva para la salud o el equilibrio psíquico.

Otra definición:
Hábito de conductas peligrosas o de consumo de determinados productos, en especial drogas, y del que no se puede prescindir o

resulta muy difícil hacerlo por razones de dependencia psicológica o incluso fisiológica.

Nosotros sumamos nuestra propia definición: "Es lo que usamos para no pensar, no sentir y, en definitiva, no sufrir".

Durante nuestro camino vivimos intentando maximizar el placer y minimizar el dolor. Buscamos anestesiar el sufrimiento que experimentamos por el hecho de, simplemente, vivir tristezas, desilusiones, fracasos, pérdidas, sueños rotos, abandonos, miedos, etcétera. Muchas veces optamos por evadir todas estas situaciones que traen malestar a nuestros golpeados corazones, no estamos dispuestos a enfrentar, tolerar y superar el dolor, la frustración, el estrés y los conflictos.

Tenemos terror de encontrarnos con nosotros mismos, ya que cuando estamos solos entramos en contacto con todo aquello que queremos tapar, negar y evadir.

¡Qué insoportable resulta el vacío! ¡Qué difícil es manejar la angustia!

La vida es más fácil cuando no pensamos, cuando no sentimos. Para muchas personas pensar y sentir es sinónimo de sufrimiento.

La pornografía es justamente una opción altamente gratificante frente a la temible realidad, representa una alternativa para eludir, con "cierta eficacia", verdades *muy* incómodas, verdades que parecen torturarnos. No obstante, es solo anestesia; y como toda anestesia es absolutamente temporal, momentánea. Esta inyección no cura la herida, no soluciona la infección. La pornografía es, en definitiva, un "parche" que adormece el sufrimiento y que termina por convertirse rápidamente en una forma de actuar, en un estilo de vida.

La pornografía es un pedido de ayuda, un grito de desesperación. Detrás del consumo existe un corazón roto, con un intenso deseo de Cristo. La pornografía es solo un simple, berreta y circunstancial parche.

Por eso queremos decirte que, si tenés la verdadera intención de salir de este oscuro mundo, vas a tener que enfrentarte a los más temibles enemigos: vos mismo, tu pasado y tu dolor. No hay atajos, no hay gambetas. Peleás o perdés.

¿CÓMO SÉ SI SOY ADICTO?

Aclaración: Quizás seas de aquellos que ven *porno* una vez por semana y creas que lo que sigue no se aplica a vos. Tal vez pienses que podés dejar la pornografía cuando quieras y lo que estás leyendo no tiene que ver con tu realidad.

Sin embargo, hasta que no hagas el intento de dejar de ver *porno*, no sabrás si sos o no adicto, si intentás y no podés, quizás lo seas...

Si podés dejar de ver, esto quiere decir que no sos adicto; no obstante, el hecho de que no lo seas, no significa que no tengas un problema. Si ves *porno,* más allá de que llegues al grado de la adicción o no, habla a las claras de un gran problema por solucionar (ver capítulo: *La raíz y la entrada).*

Al instalarse la pornografía como algo adictivo podemos ver varios de estos síntomas:

Una persona que es adicta conoce medianamente las consecuencias de su adicción, pero tiene la sensación de que no puede parar con ese hábito destructivo;[1] aun sabiendo que, si sigue con eso, puede perder a su familia, continúa, consume, y se sumerge cada vez más... Asume progresivamente más riesgos, las consecuencias no lo inhiben, ni lo frenan.

Una persona que es adicta es dependiente de ese veneno, acumula una serie de intentos fallidos por abandonar el vicio. Su vida está regulada por el consumo, su placer/sufrimiento está vinculado a la presencia/ausencia de esta droga; depende de ella.

Una persona que es adicta desarrolló tolerancia a esa droga, tiene una tendencia creciente a aumentar la dosis (o cambiar de consumo) para lograr la excitación deseada, ya que el nivel de placer va decayendo con el acostumbramiento a estos materiales. Necesita más *porno* y más perversidad.

Una persona que es adicta sufre del llamado síndrome de abstinencia. Este representa un conjunto de reacciones psicológicas y físicas/fisiológicas que aparecen cuando la persona suspende el consumo de manera abrupta. Los síntomas son muy variados; algunos de ellos son: cambios repentinos de humor, inestabilidad emocional, deseo desmedido de consumir y masturbarse, dolor en los genitales, ira, desesperación, profunda angustia, depresión, nerviosismo, ansiedad, insomnio, dificultad para concentrarse.

Una persona que es adicta es alguien que tiende a consumir casi sin pensarlo, aparece un fuerte impulso y simplemente reacciona, es una acción sin la mediación de la razón. Consume pornografía de manera compulsiva, no puede controlarse.

Una persona que es adicta pierde el deseo de realizar otras actividades placenteras. No disfruta como antes, pierde el gusto de la vida.

Una persona que es adicta tiene una fijación con el *porno,* este interfiere con el normal desenvolvimiento de su vida. Los tiempos de consumo tienden a ser paulatinamente más largos y más frecuentes de manera tal que interrumpe, posterga, modifica compromisos y actividades.

---

1 "Ustedes no han sufrido ninguna tentación que no sea común al género humano. Pero Dios es fiel, y no permitirá que ustedes sean tentados más allá de lo que puedan aguantar. Más bien, cuando llegue la tentación, él les dará también una salida a fin de que puedan resistir." 1 Corintios 10:13 NVI.

Una persona que es adicta pierde, poco a poco, la capacidad de concentración; el deseo desmedido de *porno* secuestra su cerebro y limita su capacidad de realizar trabajos de cierta complejidad intelectual.

DEL ACCIDENTE A LA ADICCIÓN

Vivimos en un mundo donde la pornografía forma parte de la vida diaria de las personas, y no solo su consumo está naturalizado, se promueve. En cada lugar esta infección está presente; pasar por la vida sin ver *porno* de manera accidental, por lo menos una vez, es realmente muy difícil...

Por eso queremos hablar acerca de los distintos niveles de consumo; desde aquel encuentro producto de la curiosidad o el accidente, hasta la misma adicción.

Encuentro único: es la persona que solo vio una vez, ya sea accidental o voluntariamente.

Consumo accidental: ve por accidente, no lo busca. Quizás en su trabajo esté expuesto a ese tipo de materiales (sus compañeros ven habitualmente), por las relaciones que tiene (amistades, compañeros de estudio, grupos de *whatsapp,* etcétera). Quizás por las actividades o *hobbies* que realiza (ejemplo: estar mucho tiempo conectado) tenga más posibilidades de ver pornografía.

Consumo esporádico: esta persona ve de manera ocasional, eventual. Quizás en algún bajón emocional, cuando su relación con Dios no está en el mejor momento es cuando "afloja" los controles y ve *porno*. Esto puede suceder algunas veces por año.

Consumo circunstancial: esta persona *"ve cada vez que..."* se siente mal, tiene problemas, se frustra... Su vida espiritual y emocional no goza de buena salud. Su consumo es activado por detonantes específicos (ver la sección "Detonantes" en *La raíz y la entrada*). Consume pornografía varias veces por año.

Consumo habitual: en este caso ya estamos hablando de un uso abusivo; el consumo tiene cierta regularidad, los efectos/consecuencias ya son claramente evidentes. La relación con Dios definitivamente no es buena, su vida emocional tampoco. Hay cierta dependencia. Ve pornografía entre dos veces por mes a una vez por semana.

Adicción: en la descripción de este ítem entra lo descrito más arriba en el apartado "¿Cómo sé si doy adicto?". En el caso de los cristianos ya podríamos comenzar a hablar de adicción cuando la persona ve mínimamente una vez por semana.

Quizás parezca una exageración, pero hay que tener en cuenta que aquel que consume siendo cristiano carga con una culpa casi insoportable. Esta persona se sabe en pecado, es consciente de que está destruyendo su vida, pero tiene la sensación de que no lo puede evitar. De hecho lo ha intentado en muchísimas ocasiones y no ha podido dejar este mal hábito. Ha orado, ha llorado, y aun así el problema sigue. Es adicto.

CÓMO SE FORMA UNA ADICCIÓN

Cuando la persona realiza un acto que le reporta placer o alivio frente al dolor, esa sensación queda registrada en el cerebro, de manera tal que lo relaciona. Mientras más intensa e inmediata sea esa sensación, más fuerte será la conexión acto - placer, y mayor tendencia a la repetición habrá. Con cada repetición este mecanismo se refuerza y consolida. El cerebro aprende que frente a determinada situación displacentera tiene un camino, un recurso para compensar/superar el malestar. Este es el principio del círculo vicioso; cada vez que se repita el circuito **displacer – acto – placer**, este mecanismo ganará fuerza como método para "enfrentar" la frustración, el dolor, los conflictos y el estrés.

Con el tiempo se llega a formar un hábito, una manera de proceder. En el caso del consumo de pornografía, y más allá del placer que generan esas imágenes, representa la tan ansiada posibilidad de evadir el sufrimiento; su cerebro le recuerda que tiene a disposición el remedio justo, la salida, la solución. Así, la pornografía se afianza como un instrumento efectivo para escapar del malestar, como aquello que se usa para no pensar, no sentir y, en definitiva, para no sufrir.

De este modo, la persona pierde gradualmente la posibilidad de afrontar de manera sana los dolores de la vida, pierde su capacidad de tolerar el sufrimiento por el uso repetitivo de este recurso (la pornografía). Paulatinamente, y una vez afianzada esta forma de actuar, existirá una tendencia a hacer uso de esta "droga", no ya frente a una gran angustia, sino ante cualquier pequeño inconveniente o simplemente para obtener el placer que genera.

Luego, el efecto placentero que se experimentaba inicialmente irá perdiendo fuerza, y ya no será suficiente la "dosis". Para lograr la gratificación deseada deberá aumentar la dosis o cambiar de material. Si antes experimentaba un gran placer/alivio con pornografía heterosexual, ahora necesitará ver otro tipo de pornografía, BDSM (Bondage, Dominación, Sadismo, Masoquismo) por ejemplo. Esto sucede porque el cerebro se va adaptando a ciertos estímulos, y cada vez se necesita más para alcanzar la excitación esperada. Esto se denomina *tolerancia*.

De la vida real

Con mi esposa (Lu) fuimos a un viaje a México hace unos años. A ella le encanta la comida picante y entonces decidimos ir a comer y conocer... en realidad ella; yo fui a McDonalds, obvio. Lu, persona prudente si las hay, apenas pudo probar un poco del picante que le sirvieron... ¡No puedo explicarte su cara mientras degustaba ese pequeño pedacito de taco!
Luego de los comentarios y risas obvias, hablamos acerca de lo que sentiría un mexicano si comiera en Argentina, ¿le sentirá el gusto a la comida? ¿Cómo es que pueden *tolerar* el picante? Costumbre, hábito, repetición. Su cuerpo simplemente lo tolera.

¿Cómo podría experimentar un mexicano lo que experimentó mi esposa? Debería consumir un picante muchísimo más "picante".

Con el paso del tiempo, la persona se vuelve dependiente de esta droga. En su mente lo placentero se encuentra ligado al *porno* y la masturbación, descarta o desestima otro tipo de actividad como proveedora eficaz de placer. No es que nada fuera de ese mundo le dé esa satisfacción, pero a la hora de gratificarse y/o de escaparle al dolor nada se le compara.

Una vez arraigada la adicción, esta le mutila la capacidad de gestionar su propia vida, sus emociones y todas las situaciones que generen el más mínimo malestar. No quiere, no acepta la "incomodidad", no está dispuesto a atravesar momentos difíciles, máxime cuando tiene (literalmente) al alcance de la mano la posibilidad de autosatisfacerse.

El adicto se transforma así en un esclavo de sus deseos y de los impulsos de su propio cuerpo.

LA PORNOGRAFÍA Y EL CEREBRO

El cerebro es un órgano que alcanza su madurez a los veinticinco años aproximadamente; está conformado por millones de células llamadas neuronas. Entre estas existe algo llamado *espacio sináptico,* que es el lugar donde se produce la comunicación entre neuronas a través de biomoléculas llamadas *neurotransmisores.*

El pensamiento, el dolor, el movimiento, el cansancio, el disfrute, los sentimientos... todo tiene su correlato a nivel cerebral. Todo, en definitiva, es comunicación entre neuronas (sinapsis).

Una de las caracteristas que más nos interesan es que el cerebro es un órgano plástico, adaptativo, que a lo largo de la vida sufre constantes modificaciones. El ambiente, las cosas que aprendemos, las experiencias, van generando nuevas conexiones neuronales como respuesta a todas estas situaciones. Este órgano tiene una capacidad maravillosa para cambiar y adaptarse; esto es lo que se denomina *neuroplasticidad* o plasticidad sináptica.

> La plasticidad sináptica es la capacidad que las neuronas tienen para alterar su capacidad de comunicación entre ellas. Cada vez que nos enfrentamos a una nueva pieza de información que se debe almacenar en nuestra memoria, se generan nuevas sinapsis, se fortalecen otras, algunas se debilitan y otras se podan. Este proceso representa un mecanismo evolutivo fundamental de aprendizaje...[2]

Otra cosa que queremos destacar dentro del complejo funcionamiento del cerebro es el *Sistema de recompensa*. Este consiste en una red neuronal que al activarse genera placer, tiene que ver básicamente con la supervivencia de la especie. Su objetivo es motivar a la persona a hacer aquellas cosas que son beneficiosas y necesarias para la vida (comida, bebida, sexo, relaciones interpersonales, etcétera), pero también es la que advierte sobre posibles peligros o amenazas (algún depredador, comida en mal estado, etcétera). Este sistema está regulado por neurotransmisores (en especial la dopamina), que le permiten al individuo aprender a hacer lo conveniente y rechazar/huir de aquello que no le resulte beneficioso o que represente algún riesgo.

El núcleo accumbens, la amígdala, el hipocampo, la corteza prefrontal y el área tegmental ventral son los núcleos más importantes de este sistema.

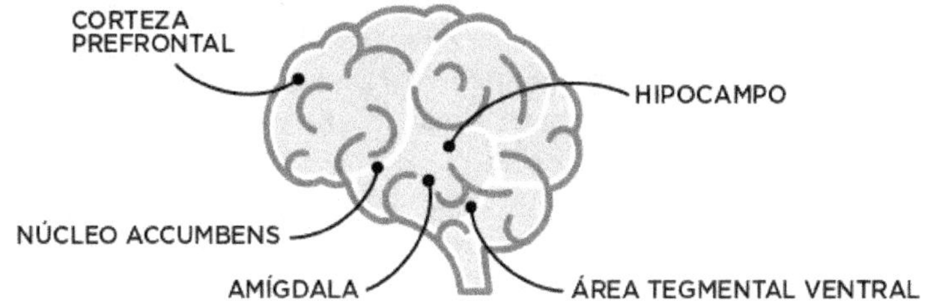

---

2 Facundo Manes, *Usar el cerebro* (Ciudad Autónoma de Buenos Aires, 2015).

En marcha

Cada vez que pensamos, planificamos o ejecutamos alguna actividad placentera se activa en nuestro cerebro el *Sistema de recompensa.* La sensación de bienestar que experimentamos es el resultado de la liberación de un mensajero químico (neurotransmisor y hormona) llamado dopamina (o "la hormona del placer") que estimula el centro del placer del cerebro, el núcleo accumbens.

Ya sea comer un chocolate, charlar con amigos, ir al cine, jugar video juegos, estar en la playa o ver *porno*,[3] el mecanismo es el mismo: liberación de dopamina. Incluso ante la simple expectativa de realizar alguna actividad gratificante, pensar en lo que se va a hacer provoca la liberación de este mensajero químico.

La diferencia está en que frente a una pizza con mucha muzzarella, panceta y huevo frito la pornografía se ve más tentadora... ¿Por qué? Porque libera hasta diez veces más dopamina que cualquier otra actividad placentera, y lo hace con mayor rapidez (distintos estudios comparan el nivel de adicción de la pornografía al de la cocaína).

Esta sustituye las recompensas naturales del organismo (comida, amistades, sexo), remodelando los circuitos neuronales para asignarle mayor valor que a los demás placeres de la vida.

Somos como las ratas

En 1953, Peter Milner y James Olds experimentaron con ratas implantándoles electrodos quirúrgicamente en el cerebro, más precisamente en el centro del placer. El descubrimiento fue sorprendente: las ratas, al accionar el sistema de electrodos, estimulaban el centro de recompensa del cerebro de manera artificial. Tal era el placer que estas experimentaban, que llegaron a accionar este sistema unas siete mil veces por hora. Hacer esto se transformaba en lo único que hacían.

El resultado fue más que interesante: estas ratas ya no comían ni bebían. En el caso de los machos, cuando se introducían hembras en celo, simplemente las ignoraban; en cuanto a las ratas hembras, abandonaban a sus crías recién nacidas.

Obviamente, las ratas morían por fatiga y/o deshidratación. Cualquier semejanza a lo que produce el *porno* en vos es pura coincidencia...

Cuando la persona ve *porno* experimenta un shock de excitación incomparable. El cerebro no está preparado para asimilar esta estimulación excesiva.

---

3 Cada una de estas actividades libera cantidades distintas de dopamina, y esto a su vez varía de acuerdo a la persona.

Tomate unos segundos y pensá en las sensaciones que te atraviesan...

... cuando estás pensando en ver *porno*.

... cuando estás al borde de buscar en esa página.

... cuando el video se está abriendo.

... cuando aparece la primera escena.

Te das cuenta, ¿no?

Seguramente una serie de Netflix no te produce eso, tampoco un helado de chocolate y frutilla...

La pornografía genera en tu cerebro un grado de excitación sin igual y por otro lado muy difícil de controlar. ¿Qué otra cosa te produce esa sensación?

Ante la exposición repetida de estos estímulos, el cerebro se va modificando, adaptando, a esta nueva situación (*neuroplasticidad*). La adicción ocurre precisamente porque el cerebro se adapta a la sobreestimulación, a grandes cantidades de dopamina; entonces, para poder alcanzar el condicionado y tan ansiado placer, se hace necesario ver más *porno* (tolerancia), y justamente ver más libera también más dopamina.

Sin embargo... los niveles de dopamina liberados ante determinadas escenas comienzan a ser insuficientes, el cerebro ya no reacciona como antes.

Estos cambios dan lugar a una disminución progresiva de los efectos placenteros producidos y hacen que el individuo se encuentre cada vez peor, que la dosis de esa droga ya no sea suficiente. Allí es cuando se torna imprescindible para el adicto un cambio, "una renovación".

Efecto Coolidge

Un viejo chiste sobre Calvin Coolidge cuando era Presidente:

Al Presidente y la señora Coolidge les estaban mostrando por separado una granja experimental gubernamental. Cuando la señora Coolidge accedió al área de las gallinas, advirtió que uno de los gallos se apareaba con mucha frecuencia. Le preguntó al encargado por la frecuencia de estos apareamientos, y este le respondió: "Docenas de veces al día". La señora Coolidge dijo: "Cuénteselo al presidente cuando pase por aquí". Tras habérselo contado, Coolidge preguntó: "¿Con la misma gallina cada vez?". La respuesta fue: "Oh, no, señor Presidente; con una gallina distinta cada vez". Coolidge concluyó: "Cuénteselo a la señora Coolidge".[4]

El potencial de estimulación del mundo *porno* es casi ilimitado, esta industria provee nuevos materiales de manera constante. Esa

---

4 Dewsbury, Donald A. *Frank A. Beach, Master Teacher*, Portraits of Pioneers in Psychology, Volumen 4, Año 2000, pp. 69-281.

es la forma en la que va sorteando la traba que significa el efecto tolerancia: brinda generosamente materiales cada vez más variados y perversos para aquellos que buscan satisfacerse.

El cerebro del adicto es un cerebro que sufrió una terrible modificación, el consumo de pornografía prolongado en el tiempo lo reconfiguró adaptándolo a la inundación de dopamina. Esta reconfiguración obliga a la persona a *aumentar e intensificar la dosis;* para lograr nuevamente el grado de excitación deseado necesita pasar al siguiente nivel, consumir otro tipo de pornografía, más dura, más oscura, más perversa. Ya que, por un lado, su cerebro precisa de esa estimulación (habida cuenta de que fue acostumbrado a ella); y, por otro, la persona usa esta droga para sobrellevar su vida. El placer y el alivio están vinculados a ella.

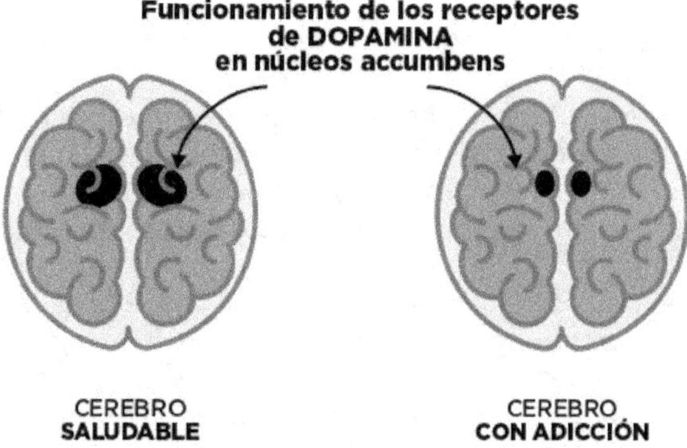

En esta ilustración puede verse claramente la diferencia entre un cerebro saludable y otro adicto; en el primero los receptores de dopamina funcionan de forma normal, en el segundo puede verse cómo la cantidad de receptores activos se redujo significativamente.

Frente al exceso constante de dopamina, los receptores de esta en el núcleo accumbens se bloquean por una cuestión de equilibrio y protección (el cerebro no puede estar estimulado todo el tiempo).

El cerebro adicto, acostumbrado a la sobreestimulacion, no tiene la capacidad de disfrutar de las actividades normales de la vida. La persona adicta piensa de manera constante en el *porno;* puede estar haciendo otra cosa, pero su mente ya está planificando y saboreando el encuentro. Lo espera, se desespera por que llegue ese momento.

La adicción a la pornografía causa una distorsión del sistema de recompensa cerebral; desde el punto de vista del adicto, el *porno* resulta muchísimo más gratificante que estar con la familia, disfrutar de los amigos, ir al cine, comer una rica comida, etcétera.

El Brian

Nuestro amigo Brian tiene veintidós años y hace diez que ve *porno*. Actualmente tiene unas mil doscientas horas de "vuelo", lo que equivale a casi dos meses de consumo continuo. Brian representa a muchos jóvenes de nuestras iglesias; es adicto al porno. Brian podés ser vos...

Su primer encuentro fue a los doce años, en la casa de un vecino.

¿Qué pasó en su cerebro? El día que la conoció, pasó algo muy importante: esas escenas se imprimieron en su mente, se grabaron, quedaron adheridas a su memoria.

La pornografía es un material que tiene un impacto grandísimo en el cerebro, porque no estamos preparados para recibir este tipo de veneno. Por supuesto, estar expuesto al *porno*, deja una gran huella, una marca difícil de borrar.

Cuando alguien experimenta una situación *shockeante*, excitante, impresionante, etcétera, se libera una hormona llamada epinefrina (adrenalina); esta cumple la función de "fijar" ese estímulo al cerebro, lo cual quiere decir que lo recordará (una imagen pornográfica puede permanecer almacenada en la memoria por más de veinte años).

¿Por qué?

La epinefrina regula los procesos de consolidación de la memoria. Las experiencias de alto contenido emocional deben ser recordadas por el cerebro para la seguridad de la propia persona. Esto sucede en la *amígdala* (encargada de la memoria emocional), que es quien vincula el estímulo a una emoción/sensación.

Cuando murió mi amigo

Fabián, un amigo, cuando habla de este tema siempre cuenta una historia que él vivió en su preadolescencia. Cuando estaba en quinto grado de la escuela primaria falleció un amigo suyo. La madre decidió hacer el velorio en la iglesia a la que Fabián asistía. Durante el velorio la madre del niño fallecido le pidió a los compañeros que se despidieran de su hijo con un beso en la frente. Fabi relata que nunca más pudo olvidar la sensación de darle un beso en la frente pálida y fría a quien poco tiempo atrás había jugado con él. ¿Qué fue lo que pasó en su cerebro? Se liberó epinefrina, fijando ese momento a su memoria.

Este primer encuentro lo excitó de tal manera (su cerebro se inundó de dopamina como nunca antes), que quiso repetir la experiencia.

El *núcleo accumbens* es el denominado "centro del placer del cerebro", es la parte estimulada por la dopamina. Cada situación percibida/sentida como placentera se debe a la estimulación de este núcleo del *Sistema de recompensa* del cerebro. Para aquellos que están enamorados, un buen piropo sería: *"No sabés cómo estimulás mi núcleo accumbens...".* (Perdón, lo tenía que decir...).

Poco tiempo después, Brian ya estaba consumiendo *porno* con su propio celular. No obstante, el consumo posterior no fue tan sencillo: para hacerlo fue necesario vencer una parte suya que se negaba a esa basura, que le decía que eso estaba mal y que no debía hacerlo. Estamos hablando de la *corteza prefrontal.*

Esta es el centro de la toma de decisiones, del pensamiento racional, de la planificación. La corteza prefrontal es quien controla/inhibe los impulsos; en este caso, el impulso/deseo de ver *porno*.

Dos problemas

Primero: La corteza prefrontal no termina de desarrollarse sino hasta los veinticinco años aproximadamente, con lo cual la capacidad del individuo de controlar su impulso/deseo de ver *porno* está realmente acotada; no puede ver con claridad las consecuencias a largo plazo. Si bien sabe que está mal, y siente cierta culpa, el deseo de consumir que presiona con gran fuerza generalmente lo domina. En este momento la persona se encuentra tironeada por dos deseos: el de hacer las cosas bien, por un lado, y el de autosatisfacerse por otro. Esto, a su vez, tiene su correlato a nivel cerebral; la lucha se da entre la corteza prefrontal, que intenta concientizar a la persona acerca de las consecuencias, y el núcleo accumbens (súper estimulado por la dopamina) que clama por satisfacción.

Esta es la situación que atraviesan todos los que luchan contra el *porno,* solo que los adolescentes tienen la desventaja de no contar, en todo su potencial, con un aliado imprescindible: la corteza prefrontal. Es por esta razón que los adolescentes tienen menos control sobre sus acciones. Esto no depende de su voluntad, es una cuestión natural, su cerebro está en formación. Los padres de adolescentes pueden dar cuenta de esto; ¿cuántas veces dijeron: *"¿Qué es lo que te pasa? ¿No te das cuenta que si haces "eso" te va a pasar "aquello?"*.

La respuesta a esa pregunta es un rotundo *no*; no se dan cuenta. No ve las consecuencias y, aunque pudiera percibirlas, no tiene la capacidad necesaria para ejercer el autocontrol de manera efectiva.

Segundo: Este tipo de actividades, cuando se instala en esta etapa de vida, es más difícil de erradicar; el cerebro en formación altera su normal desarrollo condicionándose/adaptándose a la nueva realidad *porno*. Comienza a transformarse en un cerebro adicto.

La gran excitación que le produce lo conduce una y otra vez hacia el *porno;* con cada consumo la "fuerza" de la corteza prefrontal para regular/ mediar/ controlar va disminuyendo/menguando.

Brian prioriza el placer y esto altera su cerebro. Ante la posibilidad de ver *porno* la corteza prefrontal interviene tratando de convencerlo sobre los peligros de ese veneno, pero con cada decisión hacia el consumo va produciéndose una debilitación de la conexión entre la corteza prefrontal y la otra parte del sistema de recompensa. Con el tiempo ver *porno* se transforma en automático; ya no hay lucha. Brian ya no razona, no sopesa/evalúa los riesgos, simplemente mira.

Este joven pierde la capacidad de controlarse, ver porno termina siendo una acción sin la mediación de la razón. Lo hace sin pensar... siente y actúa. Se convierte en una actividad compulsiva.

Es viernes y mi cerebro lo sabe

Es viernes, son las 19 hs y estoy volviendo a casa. El viernes es mi día favorito de la semana, es el que (si no estoy de viaje) dedico a estar en familia. Además, cuando aparece la pizza con panceta y huevo frito, es el de la peli en familia y obviamente un chocolate *Block* o un helado... Realmente espero el viernes, ¡sueño con ese momento! ¡Me encantan los viernes!

A las 20 hs estamos los cuatro (Lu, Nicole, Sebi y yo) sentados en el sillón con la *peli* por comenzar y la pizza frente a nosotros... ponemos *play*, estiro mi mano y ahí va mi primera porción de pizza...

El hipotálamo registra ese momento y envía una señal al área tegmental ventral (núcleo donde sintetiza/produce la dopamina); esta, una vez estimulada, enviará dopamina al resto de los núcleos del sistema de recompensa (amígdala, hipocampo, núcleo accumbens y corteza prefrontal), a su vez cada uno de estos núcleos va a darle un valor/respuesta a ese estímulo dopaminérgico.

En el caso del hipocampo, este me dará la memoria contextual, recordará que eso "bueno" fue en determinado contexto (dónde, cuándo, en qué circunstancias), es decir, *llega el viernes y mi cerebro lo sabe*. El hipocampo es quien evalúa el contexto:
- Viernes
- 19 hs
- Familia, pizza, peli y *¡Block!*

De esta manera, un pequeño estímulo (detonante) puede evocar el recuerdo gratificante y disparar el deseo del consumo.

La liberación de dopamina hacia la amígdala va a producir una respuesta emocional (memoria emocional).

En el caso de la estimulación por dopamina de la corteza prefrontal, esta realizará una evaluación a nivel cognitivo, hará que pienses en eso, que planees volver a consumirlo. En mi caso, que espere con ansias el viernes. Es todo un *ritual*.

En cuanto al núcleo accumbens, este hará una evaluación respecto a cuán gratificante es eso que se consume. ¡Amo la pizza con panceta y huevo frito! ¡Me encanta!

No contemplo la posibilidad de un viernes en casa sin pizza, el hipocampo registra ese contexto y se dispara el deseo.

Si te acostumbraste a ver *porno* cuando estabas solo, cada vez que vuelvas a estar solo tendrás un gran deseo, experimentarás un fuertísimo impulso hacia este. Tu cerebro no recuerda solo el placer, recuerda las circunstancias donde se produce, qué estabas haciendo, en qué horario, cómo te sentías, qué día era, luego o antes de qué, si fue el producto de un conflicto o algún estado de ánimo, etcétera.

Revertir esta situación no es una tarea simple, requiere la reprogramación del cerebro, reeducarlo. Esto lleva tiempo y, sobre todo, mucho esfuerzo. La persona que se hizo adicta al *porno* es, a nivel cerebral, adicta a la dopamina. El cerebro adicto a la dopamina se reestructuró/adaptó en función de esta nueva realidad. Cambiarlo, volverlo al estado "normal", es una ardua tarea; pero, sin lugar a dudas, posible.

Reprogramar el cerebro

Cada cosa nueva que hacemos conlleva un aprendizaje, por ejemplo: si nunca jugaste al futbol, alguien te da una pelota y te pide que "hagas jueguito", probablemente no hagas más de dos o tres. Sin embargo, si durante dos semanas practicás una hora por día podrías hacer unos treinta. Si seguís con la práctica podrás hacer ¡muchos más!

Esto mismo sucede con todo aquello que queramos aprender. Por supuesto que para algunas cosas tendremos, naturalmente, mayor facilidad que para otras, pero el mecanismo es el mismo: la repetición. Los hábitos se forman de la misma manera, es la repetición de una conducta la que da lugar a la formación de un hábito, una costumbre.

Esto, que forma parte de nuestra vida cotidiana, comprende un complejo entramado de conexiones neuronales que son, en definitiva, las que nos permiten aprender cosas nuevas, establecer nuevos hábitos.

El consumo de pornografía también es un hábito, una conducta aprendida que tiene su correlato en el interior del cerebro. El cerebro adicto se formó, aprendió. Fue la repetición de un comportamiento el que reforzó determinados circuitos neuronales transformándolo así en un cerebro dependiente de pornografía. Dejar la adicción implica reconfigurar/reprogramar/reeducar el cerebro.

Imaginate al cerebro como un gran pastizal. Cada nuevo aprendizaje implica, a nivel cerebral, transitar de un punto determinado a otro lugar. El primer viaje es el más difícil: tenés que atravesar toda la maleza, ir aplastando el pasto... es difícil. No obstante, con cada viaje, el pasto va cediendo y poco a poco se va formando un camino. Luego, lo que en un principio era muy dificultoso, ahora es un camino muy sencillo de recorrer.

El adicto al *porno* estableció en su cerebro una autopista a la gratificación, lo condicionó para que cada vez que necesite placer y/o procure aliviar el dolor, transite por esta autopista neuronal.

Llegar al placer es fácil y rápido, evitar (aunque sea por un instante) el dolor es sencillo, no supone mayor esfuerzo.

Cuando la persona quiere o necesita sentirse bien tiene a la mano el recurso, la solución; por eso cambiar esta realidad no resulta tan sencillo. Reprogramar el cerebro requiere de un gran esfuerzo. Frente a la tentación que representa la autopista a la gratificación, nos vemos forzados a hacernos camino en medio de la maleza. Aprender a satisfacernos sanamente es una tarea ardua, que lleva tiempo y esfuerzo, máxime con la posibilidad del *porno* al alcance de la mano.

Sin embargo, y aunque difícil, ¡es posible! Tenemos que aprender a caminar por este nuevo camino, debemos reeducarnos, y reeducar nuestro cerebro. Esto implicará tiempo; en el proceso algunas veces puede ser que vuelvas a la autopista que lleva al mundo *porno,* pero tenés que seguir aplastando pasto... Todos los días, caminar, aplastar, avanzar...

¿Cómo se hace?

Pequeñas decisiones, microdecisiones. Generalmente no le damos importancia a las decisiones del día a día, sobre todo cuando no son grandes elecciones. Pero son los pequeños pasos los que van conformando el sendero. Controlar lo que pensamos y hacemos, regular lo que consumimos (TV, redes, series, música, etcétera), gestionar nuestras emociones. El cambio no es *una* decisión, no es *una* oración. Todos los días tenés que trabajar, todos los días tenés que esforzarte.

Recordá:
* ¡Todos los días tenés que ofrecer tu cuerpo como sacrificio vivo santo y agradable a Dios! (Romanos 12:1).
* Todos los días tenés que someter tus pensamientos para que hagan la voluntad de Cristo (2 Corintios 10:5).
* Todos los días tenés que honrar a Dios con tu cuerpo (1 Corintios 6:20).
* Todos los días tenés que huir de las pasiones de la juventud y de la inmoralidad sexual (2 Timoteo 2:22, 1 Corintios 6:18).
* Todos los días tenés que elegir pensar en cosas buenas (Filipenses 4:8).

Por otro lado tenés que eliminar los argumentos, las justificaciones y la idea de que debés ser satisfecho; es decir, todo aquello que funciona como una excusa para el consumo. En mi caso (Gabriel) vengo manteniendo una dura lucha de trece años con la comida… Sí, no te rías. El haber investigado sobre todos estos temas me enseñó justamente que no son necesariamente *solo* las grandes decisiones las que me ayudan a cambiar; son cruciales las microdecisiones, las que tomo en cada momento y que juntas conforman una gran decisión.[5]

En este proceso resulta fundamental no darle lugar a la argumentación, a las justificaciones y los caprichos.

Hoy hice ejercicio, merezco comida.

Es fin de semana, tengo que comer algo rico.

Estoy de viaje, algún gustito tengo que darme.

Es un cumpleaños, no puedo vivir privándome…

Por una cosa o por otra siempre terminamos rompiendo los límites:

Estoy cansado, *porno*

Estoy triste, *porno*

Nada me sale bien, *porno*

No doy más… *¡porno!*

---

5 Gracias, Guido Vaccheta.

En definitiva no son más que pretextos. Tenés que aprender a vivir (convivir) con el hambre, aprender a decirte que no. Vas a tener ganas de ver *porno*. No esperes magia, no creas que una oración hará desaparecer el deseo, no funciona así.

¿Pero no es que Dios es todopoderoso? ¡Por supuesto!

Pero justamente Él quiere que vos seas quien elija vivir en santidad y pureza, y lo hagas por amor. Hacete cargo de tu vida y de tus elecciones, la *desesperación* por consumir irá menguando poco a poco producto de las pequeñas decisiones que vayas tomando en el día a día. Harás de la pureza un hábito; no obstante, nunca dejarás de verte tentado.

Ahora bien, este proceso de reeducación/reprogramación tiene que darse en un ambiente que sea favorable. Cuando te abraza la tristeza, cuando estás en medio de una tormenta o te encontrás totalmente desbordado por las presiones y el estrés es mucho más difícil este proceso. Por supuesto que tu relación con Dios es crucial en esto.

La lucha es de todos los días, cambiar el rápido y altamente gratificante consumo de *porno*, por otra actividad (sana, beneficiosa, edificante) no da el mismo placer, pero los frutos de las elecciones sanas son incomparables a mediano y largo plazo.

Por último, queremos que sepas que lo opuesto a la adicción no es la abstinencia, es una conexión trascendente. Y la conexión más trascendente que podés configurar es con Jesús.

JESÚS
FUENTE DE SATISFACCIÓN

POR CYNTIA GOLLUSCIO

A lo largo de todo este libro hemos visto la raíz que nos llevó a pecar al mirar pornografía. Hemos analizado ese iceberg que nos recuerda una y otra vez lo lejos que estamos de donde quisiéramos estar.

Hay heridas sin sanar, factores ambientales, desilusiones... hay *vacío* que llenar.

Cuando una persona nace hay un vacío en su corazón, que desde el momento cero intenta llenar. Al ir creciendo, ese vacío también crece.

Lo intentamos llenar con amistades, con religión, con trabajo, con ideas, con adicciones y también con pornografía.

El problema de ese "hueco" que llevamos todos en nuestro corazón, es que tiene una forma exacta.

¿Alguna vez armaste un rompecabezas? Ya tenés prácticamente todo el paisaje terminado, pero te falta una pieza, no la encontrás. Tratás de meter una pieza que no es, utilizando la fuerza, la presión, para que "encaje", pero simplemente esa pieza no va allí.

Eso mismo pasa con nuestra propia vida. Aunque queramos llenar ese hueco con diversas cosas nunca lo vamos a lograr. Tal vez recibamos un alivio momentáneo o circunstancial, pero va a durar poco porque ese agujero tiene una forma determinada: la forma de la cruz.

Cuando experimentemos que Jesús es **más que suficiente** nuestra vida dará un giro para siempre. Ya no caminaremos más por la vida esperando que los demás nos acepten, esperando pertenecer a algo, trabajando duro para ser alguien.

Cuando se nos revela (por el Espíritu Santo) que en Jesús lo tenemos todo, empezamos a caminar la vida más relajadamente porque entendemos que tenemos una *identidad*.

Somos alguien (y no cualquier cosa).

En el capítulo uno de Efesios podemos ver una lista *enorme*, llena de definiciones respecto a quiénes somos en Cristo: somos bendecidos, somos escogidos para ser santos y sin mancha, somos adoptados, somos redimidos, somos herederos, somos predestinados y la lista continúa.

Todo eso que nosotros somos (nuestra verdadera identidad) tiene que ver con que la única manera de desarrollarlo es *en Cristo*. Porque él es más que suficiente.

Cuando lo entendí, cuando lo empecé a vivir, me di cuenta de que ya no tenía que llenar mas vacíos en mi vida, de que ya no tenía que seguir corriendo la carrera de satisfacción personal, de agradar a las personas, de ser más o menos *cool*.

Cuando entendemos que Él ya nos eligió todo empieza a tomar sentido.

Saber que Jesús es *más que suficiente* nos da la seguridad de que no estamos más solos.

Como hemos visto a lo largo de este libro, una de las razones por las cuales buscamos satisfacernos a través de la pornografía tiene que ver con el sentimiento de soledad. "Me siento solo, me siento vacío, por eso busco llenarme". Recordá que la pieza tiene una forma específica: la forma de la cruz.

Es nuestro deseo que, al leer estas líneas, si aún no tuviste ese encuentro que todo lo cambia, si todavía seguís metiendo por la fuerza una ficha que no encaja, puedas dejar de perder el tiempo, puedas dejar de buscar la manera, ya que el camino es uno solo; ese camino es una *persona*.

Hoy parece cosa extraña hablar de ser íntegros. Pero de eso se trata. Integridad tiene que ver con ser de una sola pieza. No ser de doble cara.

¿Te sentiste de esa manera alguna vez? ¿Que eras una cosa en un lugar y otra cosa en la intimidad, cuando nadie te ve? Yo sí.

En lo personal, por mucho tiempo quise agradar a los demás; por mucho tiempo quise sentirme parte de ciertos lugares o ciertos círculos, y por eso incluso me dispuse a cambiar mi esencia.

Hoy quiero decirte que es desgastante vivir así. *No fuimos diseñados para vivir una doble vida.*

Una vez escuché una frase de una predicación que, sin duda, marcó mi vida para siempre: *Es más fácil ser santo que vivir una doble vida.*

¡Y es verdad! Cuando nuestro objetivo de vida es agradar a Dios, cuando nuestro objetivo en esta carrera es llegar a la meta, que es Él, nos damos cuenta de que vivir con adicciones, vivir mirando pornografía, en realidad es mucho más complicado ya que estamos metidos en un ciclo[1] del cual no nos es nada sencillo salir.

Hay una única manera de ser satisfechos de verdad.

Hubo una mujer a la que le faltaba esa pieza de la que te hablé. Pasaban los años, el vacío era cada vez mayor, porque al intentar poner las fichas equivocadas, sin darse cuenta, iba agrandando ese espacio.

Lo trató de llenar con hombres, diferentes hombres; pero el vacío la estaba ahogando.

Con lo que quedaba de su corazón roto y vacío, se dispuso a buscar un poco de agua; necesitaba algo que calmara la sed física que, sin duda en ese momento de tantas preocupaciones, era una manifestación de su sed del alma.

Y allí estaba Él. No iba a ser un hombre más de su lista de "levante".

Ese hombre lo iba a cambiar todo.

Ese hombre le iba a demostrar que solamente es necesaria una persona, *la persona correcta,* para dejar de ir buscando llenar vacíos con placeres superficiales o sexuales.

Le propuso darle esa pieza que le faltaba.

Ese hombre, llamado Jesús, la transformó para siempre, porque tenía con qué. Hoy sigue teniendo con qué.

Pero el que beba del agua que yo le daré no volverá a tener sed jamás, sino que dentro de él [o ella] esa agua se convertirá en un manantial del que brotará vida eterna.
– Juan 4:14 NVI

Él no solo está interesado en llenarnos, sino también en que nosotros seamos un manantial de *su* presencia para los que nos rodean.

No pierdas más el tiempo, no busques más llenarte con cosas que te van pudrir por dentro, que te van a llevar a una muerte espiritual segura. Deseo que, en Jesús, puedas encontrar ese lugar de satisfacción pura, constante y segura.

Él es la fuente verdadera.

---

1 Ciclo adictivo. Gráfico del capítulo *La Raíz y la Entrada.*

la verdad sobre la

PORNO GRAFIA

MASTURBACIÓN

La masturbación es la estimulación de los órganos sexuales o las zonas erógenas con la mano o por otro medio, con el fin de procurarse autosatisfacción con la intención o no de llegar al orgasmo. Esta actividad puede comenzar en la infancia, debido a la curiosidad inherente a esta etapa de la vida en la que los niños comienzan a explorar sus zonas genitales. La mayoría de las personas aprenden de esta exploración y desarrollan un sentido sano de su cuerpo. Los adictos sexuales, sin embargo, se obsesionan con la masturbación.

Este es uno de los temas más controvertidos en lo referente a cuestiones sexuales en el marco de la iglesia, porque existen diferentes posturas:
  – No se habla del tema.
  – Se lo condena como el peor pecado.
  – Se lo considera algo normal y necesario.
  – Se lo practica.
Del trabajo de investigación que hicimos para el libro de **evae** sobre cristianos evangélicos, extraemos las siguientes cifras:

La Biblia no habla específicamente del tema, no dice algo así como "no os masturbéis". No es nombrada como pecado, y eso le funciona a muchos como una excusa para avalar la práctica. No obstante, y aunque no existan referencias claras al respecto, presta atención a lo siguiente:

"Todo me es lícito, pero no todo conviene; todo me es lícito, pero no todo edifica" (1 Corintios 10:23 RVR60).
"'Todo me está permitido', pero no todo es para mi bien. 'Todo me está permitido', pero no dejaré que nada me domine"
(1 Corintios 6:12 NVI).

A la luz de estos versículos la pregunta de si es o no pecado, o si está bien o mal, tal vez no sea la correcta. Por lo menos no inicialmente. Te proponemos, entonces, que trates de responder las siguientes preguntas respecto a la masturbación:

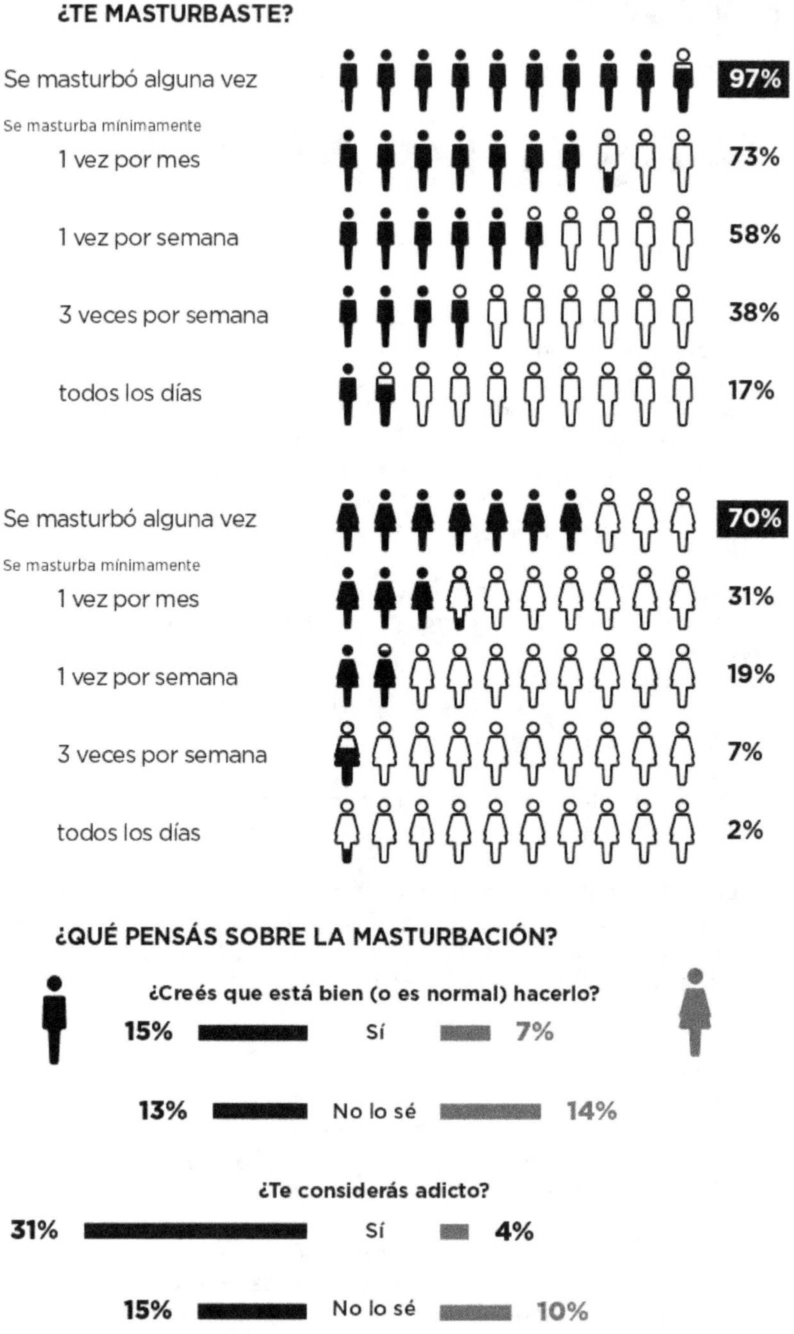

¿TE MASTURBASTE?
Se masturbó alguna vez 97%
Se masturba mínimamente
1 vez por mes 73%
1 vez por semana 58%
3 veces por semana 38%
todos los días 17%
Se masturbó alguna vez 70%
Se masturba mínimamente
1 vez por mes 31%
1 vez por semana 19%
3 veces por semana 7%
todos los días 2%
¿QUÉ PENSÁS SOBRE LA MASTURBACIÓN?
¿Creés que está bien (o es normal) hacerlo?
15% Sí 7%
13% No lo sé 14%
¿Te considerás adicto?
31% Sí 4%
15% No lo sé 10%

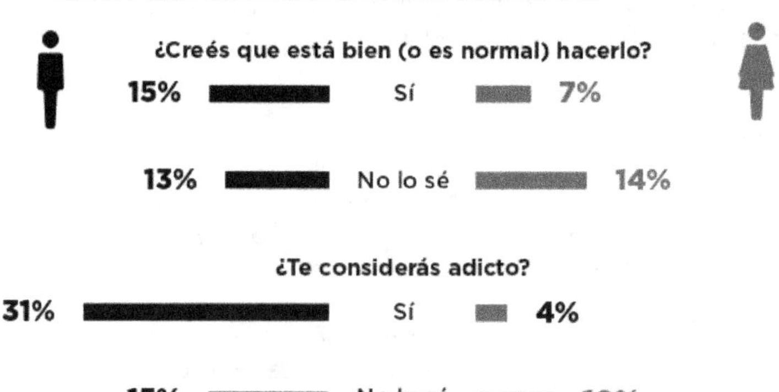

Investigación de JEBA del año 2016, todo esto está en el libro de **evae.**

¿Me conviene?

¿Me edifica?

¿Me hace bien?

¿Puedo dejar de masturbarme cuando quiera?

¿Soy esclavo de ella?

Si no puedo, ¿está bien que me pase eso?

La voluntad de Dios es que sean santificados; que se aparten de la inmoralidad sexual; que cada uno aprenda a controlar su propio cuerpo de una manera santa y honrosa, sin dejarse llevar por los malos deseos como hacen los paganos, que no conocen a Dios.
– 1 Tesalonicenses 4:3-5 NVI

¿Es la voluntad de Dios que me masturbe?

¿Está bien que no pueda controlarme?

Cuando me masturbo, ¿me estoy comportando de una manera santa y honrosa?

¿Qué es lo que me lleva a masturbarme? ¿Buenos deseos?

"Pero yo les digo que cualquiera que mira a una mujer y la codicia ya ha cometido adulterio con ella en el corazón" (Mateo 5:28 NVI).

¿En qué pienso cuando me masturbo?

¿En *quién* pienso?

¿Puedo masturbarme sin pensar en algo pecaminoso?

¿Acaso no saben que su cuerpo es templo del Espíritu Santo, quien está en ustedes y al que han recibido de parte de Dios? Ustedes no son sus propios dueños; fueron comprados por un precio. Por tanto, honren con su cuerpo a Dios.
–1 Corintios 6:19-20 NVI

¿Cómo se sentirá el Espíritu Santo (que vive en mí) cuando me masturbo?

¿Honro a Dios con mi cuerpo cuando me masturbo?

Ahora bien, te proponemos pensar en la siguiente situación (no dejes de leer aunque te horrorices por lo que sigue):

Estás en tu casa, llegó el momento que reservaste para estar a solas con Dios en tu habitación. Entrás, cerrás la puerta, te arrodillás frente a tu cama y hacés la siguiente oración:

"Oh Señor, bendito sea tu Nombre... te adoro, te doy la gloria... Quiero en esta noche hacerte un pedido muy especial: Quiero honrarte con todo mi ser, por eso te pido que me ayudes a masturbarme, ¡sí, Señor! Quiero masturbarme para la gloria de tu Nombre, ayudame a hacerlo con excelencia. Amén".

Muy probablemente tengas un fuerte deseo de romper en mil pedazos este libro... pero si lograste superar el mal momento de esa oración te habrás dado cuenta de lo siguiente: la molestia que quizás hayas sentido tiene que ver obviamente con la contradicción expresada en la oración, ¿quién que realmente ame al Señor puede hacer una oración de ese tenor? Si la masturbación fuera una práctica en la que Dios se complaciera en que lleves a cabo, esta oración ya no te resultaría ofensiva/irreverente/desubicada. Por el contrario, sabemos que no es así.

Sabés que no te acerca más a Dios. No te sentís pleno espiritualmente. No es algo que comentes con satisfacción, de hecho la vergüenza acompaña a esta práctica.

Como regla general: donde no podemos meter a Dios hay pecado.

La conducta masturbatoria compulsiva no es inocua o inofensiva; influye en tus pensamientos y sentimientos, en tu tiempo, en tus planes, consume tu energía, te avergüenza, te genera frustración, destruye tu autoestima, te desvía de tu objetivo, te mueve a observar a las personas como objetos sexuales, te obsesiona y pervierte. Nadie que se masturba, luego de hacerlo se siente mejor consigo mismo. No te sentís más conectado con Dios, ni más realizado, confiado y fortalecido.

Se disfraza de compañía sana, normal, natural y necesaria, pero te seduce, atrapa, condiciona y esclaviza. Es (como la pornografía) una verdadera adicción.

La masturbación es sexo autocentrado, egoísta, de disfrute privado. Para aquellos que están casados, *representa una alternativa* frente a la realidad en la que se encuentran muchos matrimonios (ausencia de intimidad sexual, disfunciones, miedos, vergüenzas, problemas relacionales, anorgasmia, ausencia de deseo, etcétera. Este tema es demasiado amplio para abordar en este libro, con lo cual solo hacemos esta corta referencia).

61% de los hombres cristianos casados se masturba.
16% de esos hombres casados usa pornografía para masturbarse.

La masturbación, en el marco del matrimonio, no hace más que afectar, socavar, devastar los principios sobre los que está fundado el pacto matrimonial. La masturbación disminuye el deseo, quita las energías destinadas a tu cónyuge. Influye en el área sexual, pero también te distancia emocionalmente de tu cónyuge. Masturbarte es poner por encima tus necesidades a las de tu compañero/a. En ciertas ocasiones se la utiliza para evitar la intimidad sexual y así no solo autosatisfacerte, sino también *castigar a tu esposo/a*. Te une emocional y lujuriosamente a otra persona, con lo cual es adulterio mental (Mateo 5:27-28), ya que quienes se masturban *nunca piensan en su esposa o su esposo*.

El esposo debe satisfacer las necesidades sexuales de su esposa, y la esposa debe satisfacer las necesidades sexuales de su marido. La esposa le da la autoridad sobre su cuerpo a su marido, y el esposo le da la autoridad sobre su cuerpo a su esposa.
No se priven el uno al otro de tener relaciones sexuales, a menos que los dos estén de acuerdo en abstenerse de la intimidad sexual por un tiempo limitado para entregarse más de lleno a la oración. Después deberán volverse a juntar, a fin de que Satanás no pueda tentarlos por la falta de control propio.
– 1 Corintios 7:3-5 NTV

Wow... sí, sí... ¡eso dice la Biblia!

Tal vez te tientes en pensar: "Bueno, ¿y si me masturbo con la mente en blanco...?".

Naaaaa... Ni vos te la crees. Las primeras dos veces, puede ser... luego aparece en escena tu amiga/o. *¡You know!*
La masturbación y la lujuria son socias inseparables.

Muchos esposos usan a sus esposas para "descargarse" sexualmente, en definitiva, es masturbación. No es intimidad real, no buscan una verdadera conexión con su esposa; simplemente ella es un instrumento. En lugar de usar sus propias manos, usan el cuerpo de su esposa. ¿Estás casado? *Pensalo.*
¿Por qué se recurre a la masturbación? Las razones que pueden llevar a una persona a masturbarse son muy variadas, varían de una persona a otra. No obstante, podemos decir que lo que sigue representa gran parte de los motivos que conducen a muchos jóvenes y adolescentes a desarrollar este hábito (además, obviamente de las razones profundas de carácter espiritual desarrolladas en capítulos anteriores).

- Temor a una relación real.
- Estrés.
- Frustración.
- Cansancio.
- Tristeza.
- Soledad.
- Aburrimiento, vacío existencial.
- Heridas del pasado.
- Necesidad de afecto.
- Necesidad de alivio.
- Búsqueda de placer.
- Problemas matrimoniales.

Las razones expuestas no pretenden ser exhaustivas.

Para algunos la masturbación constituye un acto esporádico que tiene como fin aflojar la tensión y/o dar curso a lo que su mente fue alimentando durante el día, mientras que para otros se transforma en una actividad diaria.

Es normal que las personas piensen en el sexo; sin embargo, aquellos que manifiestan cierta compulsión hacia la masturbación y a las fantasías sexuales lo hacen todo el tiempo.

En algunos casos la compulsión a la masturbación está tan descontrolada que produce lesiones a nivel físico.

De la vida real

Una mujer de sesenta *años*, casada, tuvo que internarse para ser operada quirúrgicamente debido al daño físico que se produjo a sí misma.

Existen casos de personas que se masturban más de diez veces al día, tales casos extremos traen aparejados una serie de inconvenientes que no solamente pueden ser físicos; sino también problemas que van desde la pérdida del trabajo hasta la separación y la afectación de la familia completa.

La masturbación representa un falso escape, una salida trunca a la realidad que los aflige. Es normal que una persona busque el placer y evite el dolor.

En este sentido, podemos decir que la masturbación funciona como una droga para muchas personas. Cuando una persona se está masturbando, está fantaseando sexualmente y esta práctica resulta adictiva debido al placer que provoca producto de la liberación de sustancias químicas como la dopamina. La dopamina es el neurotransmisor responsable de nuestras reacciones de placer/recompensa. Es liberada frente a situaciones agradables y produce que la persona vaya en búsqueda de aquella actividad u ocupación que le resulte placentera.

La cuestión es que cuando se libera mucha dopamina con demasiada frecuencia, el cerebro se vuelve insensible a ella. Cualquier comportamiento que inunda el cerebro con dopamina nos puede desensibilizar, lo que requiere más del mismo comportamiento con el fin de obtener la misma recompensa; allí encontramos una parte de la raíz de la adicción ya que la masturbación inunda al cerebro de dopamina y la respuesta obvia del organismo es la búsqueda de más...

La masturbación es una actividad que está centrada en la búsqueda de la autosatisfacción, es un camino fácil que reporta gran satisfacción de poca duración y que luego genera culpa. Este recurso de placer de corto alcance, se erige como un reemplazo del gozo que deberíamos encontrar en Dios. ¿Recurriríamos a la masturbación si tuviéramos una relación real con el Señor, si Él fuera la fuente de nuestra alegría?

Como sucede en el caso de la pornografía, la masturbación es una práctica que llevan adelante tanto los jóvenes y adolescentes en general, como aquellos que están involucrados en los distintos ministerios. Este no es un dato menor ya que por nuestra experiencia dando los talleres de **evae** hemos podido darnos cuenta que son muy pocos los chicos que recibieron talleres o charlas en las que se hable del tema de forma tan directa y sin ningún tipo de tapujo como en **evae**.

Una de las razones por las cuales nos encontramos frente a la sorpresa de tocar un tema para muchos muy difícil de abordar o casi intocable, es que las personas que deberían haber trabajado sobre estos temas no lo hicieron. Si bien no es el caso de todos, encontramos en nuestro trabajo muchos jóvenes y adolescentes comprometidos en los ministerios de Jóvenes/Adolescentes, Adoración y Niños, que tienen serios problemas con la masturbación (también con la pornografía y con las relaciones sexuales pre matrimoniales). Por supuesto que el desconocimiento, por un lado, y el hecho de ser considerado un tema tabú hace que de ciertas cosas no se hable. No obstante, otra de las razones que no puede ser soslayada, es que muchos de ellos están absolutamente comprometidos, es decir: tienen problemas en esta área de su vida.

Tenés que tener en cuenta que antes de un acto físico/fisiológico la masturbación es mental; con lo cual el inicio de tu lucha debe estar centrado en tu mente. Tenés que tomar el control de tus pensamientos, ser consciente de ellos. La batalla se gana o se pierde dentro de tu mente.

La obediencia al mandato de Dios a vivir en santidad es algo que nos conviene a nosotros. Él realmente bendice a quienes deciden mantenerse puros, quienes lo honran con su cuerpo (Juan 14:21; 1 Corintios 6:18-20).

Honremos a Dios con nuestras manos.
Honremos a Dios con nuestros genitales.
Honremos a Dios con nuestros ojos.
Honremos a Dios con nuestra mente.
Honremos a Dios con todo nuestro ser.

La capacidad de esperar, de postergar nuestro deseo, de ejercer dominio propio (Gálatas 5:22) y saber gestionar nuestros impulsos de morir a nosotros mismos (Gálatas 2:20), nos prepara y fortalece para el futuro, nos da las herramientas para poder superar una eventual crisis matrimonial sin tener que correr a desahogarnos con la masturbación.

Por último todo ello es, además, la muestra más clara de quién es nuestro Señor. Es la manifestación más evidente de nuestro amor a Dios.

ESTADÍSTICAS

Los siguientes datos muestran los resultados de una investigación hecha a través de cuestionarios auto administrados.

Fue organizada por JEBA, durante 2017/18.

Los encuestados fueron adolescentes y jóvenes (algunos mayores también) de diferentes lugares de Argentina (95%) y de otros países de Latinoamérica (5%).

DATOS GENERALES

- La encuesta (anónima) se aplicó a través de Redes Sociales (Facebook, Mail, *whatsapp*). Fue respondida por 2054 personas.
- El **59%** son mujeres y el **41%** hombres.
- La totalidad de los casos tomados se identifican como cristianos evangélicos.

CONSUMO DE PORNOGRAFIA EN LA IGLESIA

Vio pornografía alguna vez	**99%**
Consume pornografía minimamente 1 vez por mes	67%
1 vez por semana	55%
3 veces por semana	36%
todos los días	24%

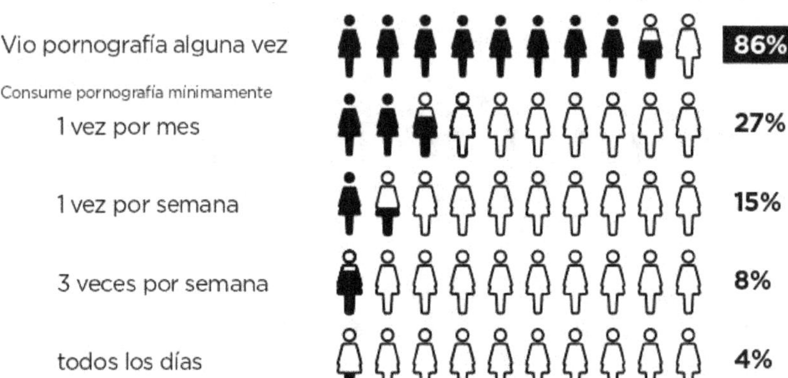

¿TE CONSIDERÁS ADICTO?

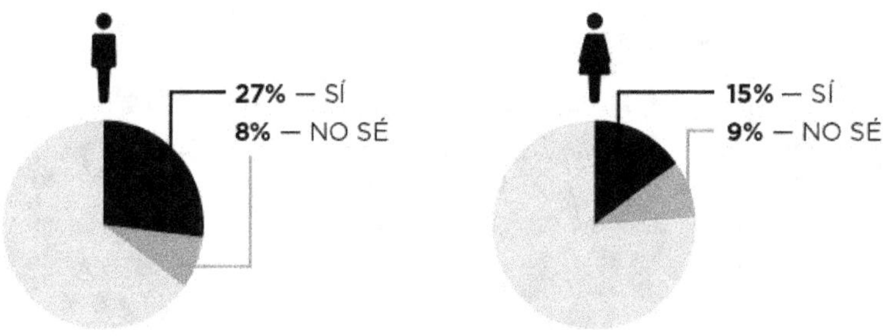

CREÉS QUE ESTÁ BIEN (O ES NORMAL) VER PORNOGRAFÍA

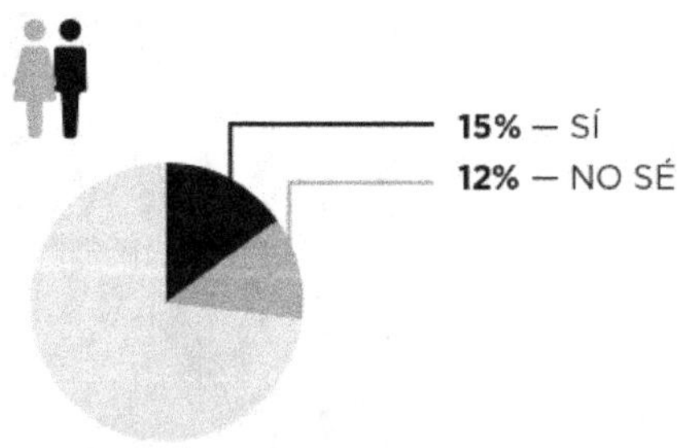

¿QUERÉS DEJAR LA PORNOGRAFÍA?*

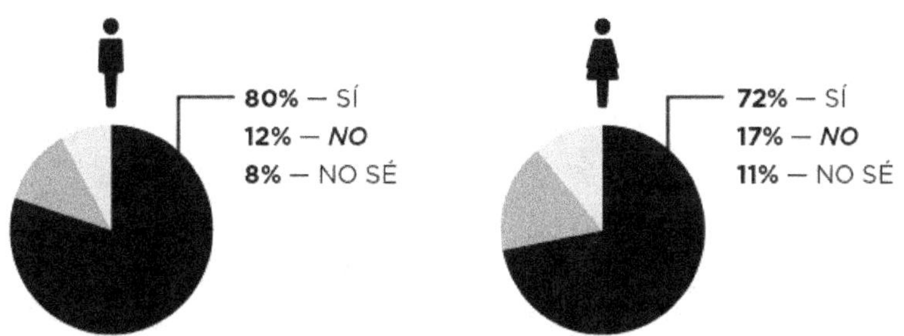

80% — SÍ
12% — *NO*
8% — NO SÉ

72% — SÍ
17% — *NO*
11% — NO SÉ

*Aquellos que consumen 1 vez por mes mínimamente

SOLTEROS - CONSUMO DE PORNOGRAFÍA

Consume pornografía mínimamente

1 vez por mes	**71%**
1 vez por semana	**59%**
3 veces por semana	**39%**
5 veces por semana	**27%**

Consume pornografía mínimamente

1 vez por mes	**28%**
1 vez por semana	**15%**
3 veces por semana	**8%**
5 veces por semana	**4%**

CASADOS - CONSUMO DE PORNOGRAFÍA

Consume pornografía mínimamente

1 vez por mes	**45%**
1 vez por semana	**31%**
3 veces por semana	**18%**
5 veces por semana	**10%**

Consume pornografía mínimamente

1 vez por mes	**14%**
1 vez por semana	**7%**
3 veces por semana	**4%**
5 veces por semana	**4%**

SEGÚN MINISTERIOS - CONSUMO DE PORNOGRAFÍA

ALABANZA

Consume pornografía mínimamente

1 vez por mes	**65%**
1 vez por semana	**53%**
3 veces por semana	**28%**
5 veces por semana	**20%**

Consume pornografía mínimamente

1 vez por mes	**16%**
1 vez por semana	**8%**
3 veces por semana	**5%**
5 veces por semana	**4%**

LIDERAZGO (DE JÓVENES Y ADOLESCENTES)

Consume pornografía mínimamente

1 vez por mes	**55%**
1 vez por semana	**43%**
3 veces por semana	**26%**
5 veces por semana	**19%**

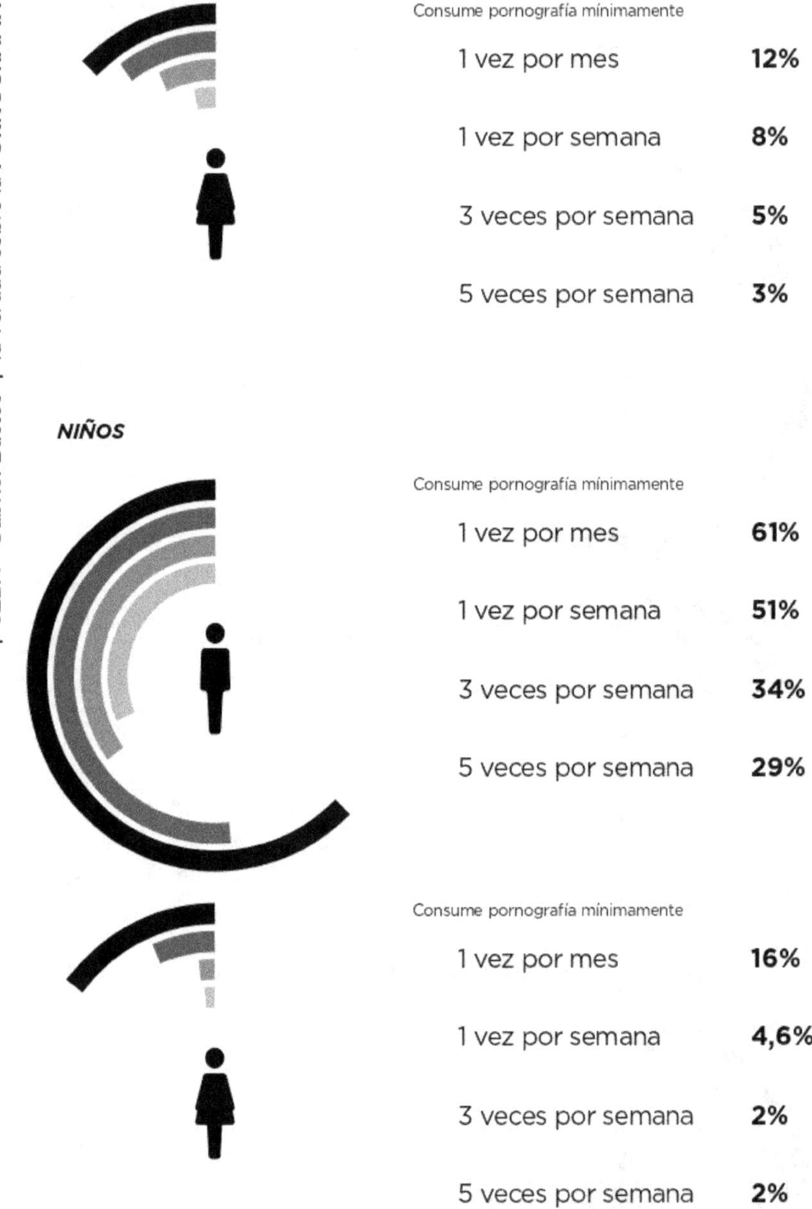

El **30%** de los hombres que ven porno **mínimamente 1 vez por semana**, (y que trabajan en el ministerio de niños en la iglesia) **pensó en abusar sexualmente de alguien.**

RELACIÓN ENTRE CONSUMO DE PORNOGRAFÍA Y CIBER SEXO, ENVÍO DE FOTOS ERÓTICAS/PORNOGRÁFICAS Y PENSAMIENTO DE ABUSO SEXUAL

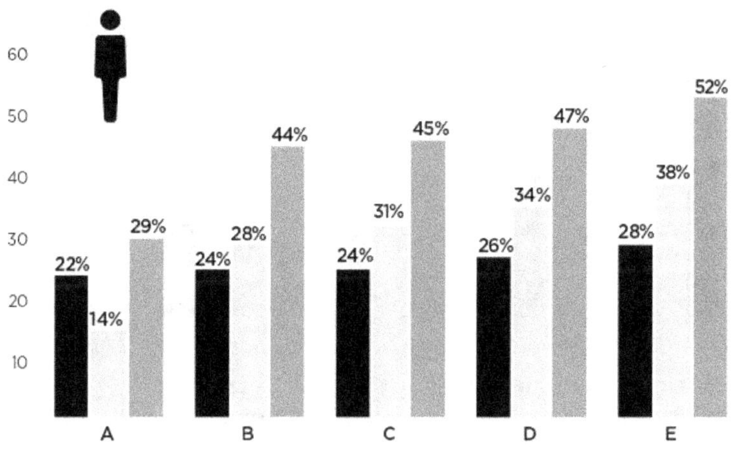

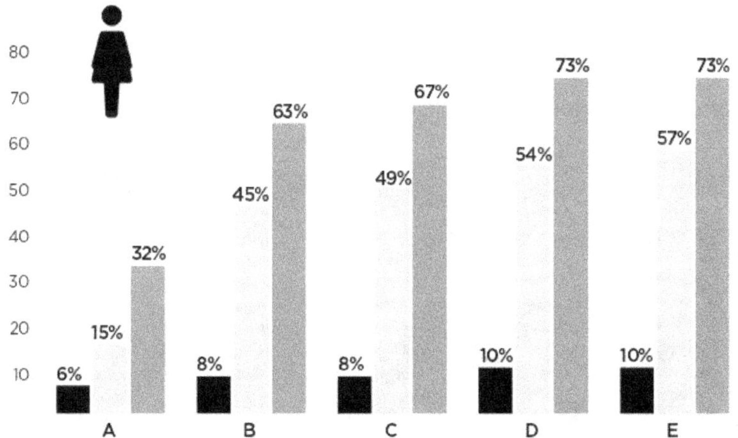

■ Pensó en abusar sexualmente de alguien
  Mantuvo ciber sexo
■ Se tomó y envió foto/s por alguna red social o WhatsApp

A. Consumo accidental
B. 1 vez por mes
C. 1 vez por semana
D. 3 veces por semana
E. 5 veces por semana

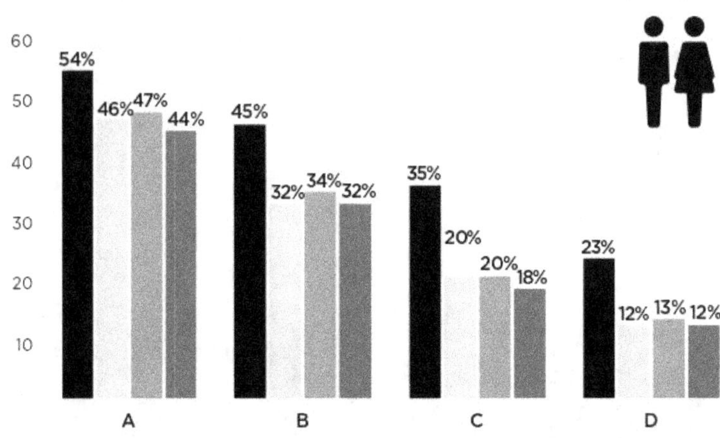

RELACIÓN ENTRE PORNOGRAFÍA Y OCUPACIÓN
54%
46% 47% 44%
45%
32% 34% 32%
35%
20% 20% 18%
23%
12% 13% 12%
A
B
C
D
No trabaja ni estudia
Solo trabaja
Trabaja y estudia
Solo estudia
A. 1 vez por mes
B. 1 vez por semana
C. 3 veces por semana
D. 5 veces por semana

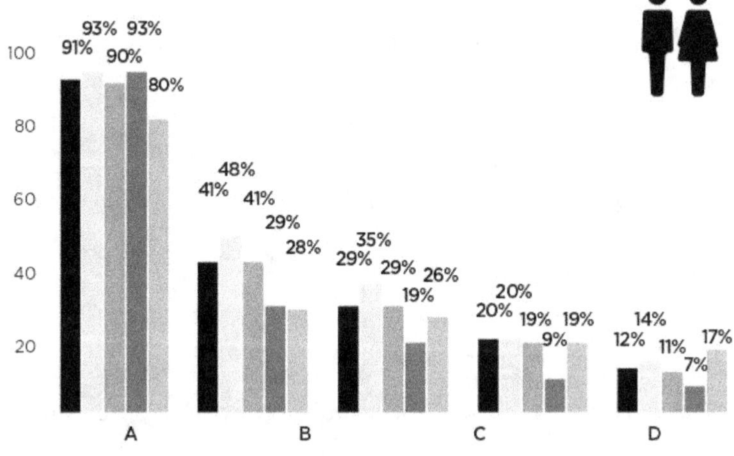

CONSUMO DE POROGRAFIA POR EDADES
91% 93% 90% 93% 80%
41% 48% 41% 29% 28%
29% 35% 29% 19% 26%
20% 20% 19% 9% 19%
12% 14% 11% 7% 17%
A
B
C
D
Menores de 18 años
19-23 años
24-30 años
31-40 años
Mayores de 41 años
A. Consumo accidental
B. 1 vez por mes
C. 1 vez por semana
D. 3 veces por semana
E. 5 veces por semana

SENTIMIENTO DE CULPA RESPECTO AL CONSUMO DE PORNOGRAFÍA

Se sintió muy culpable

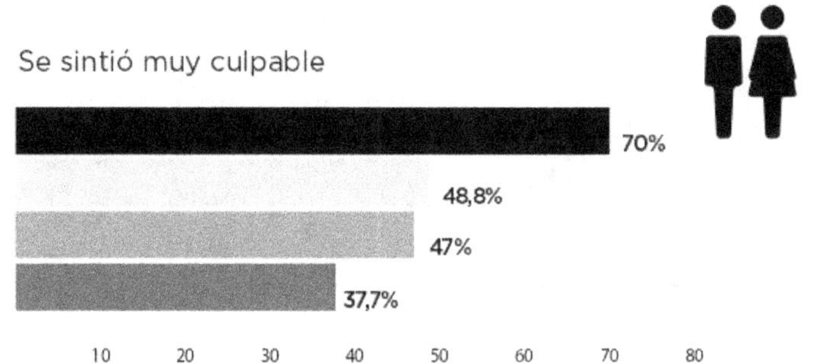

No sintió nada de culpa

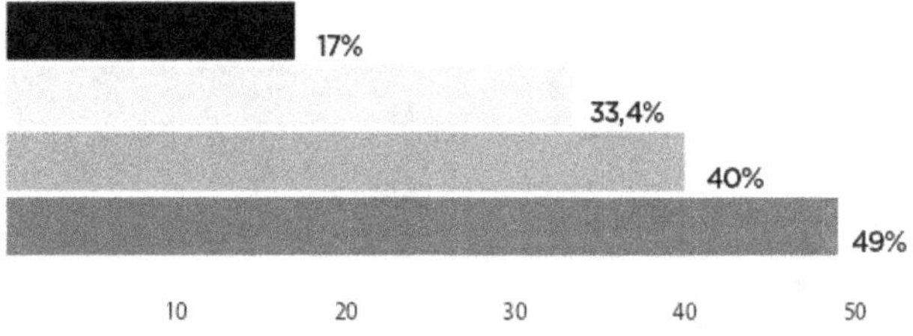

- Consumo accidental
- 1 vez por mes
- 1 vez por semana
- 5 veces por semana

¿QUIÉN TE MOSTRÓ POR PRIMERA VEZ PORNOGRAFÍA?

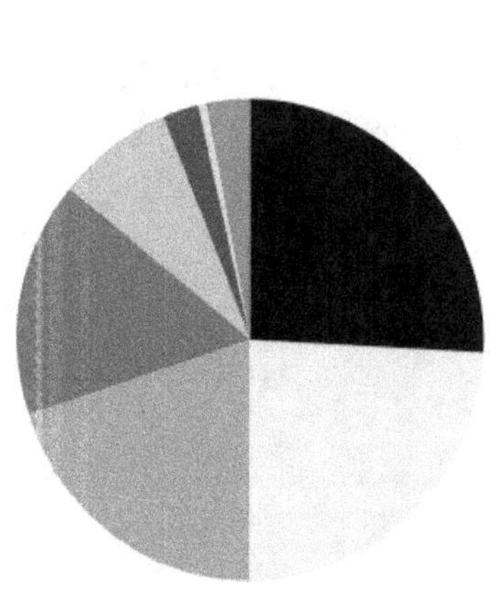

26% ■	YO MISMO BUSQUE
24%	VI EN LA ESCUELA
20%	ME MOSTRÓ UN/A AMIGO/A
16%	VI ACCIDENTALMENTE
8%	ME MOSTRÓ UN FAMILIAR
2,4%	ME MOSTRÓ UN VECINO
0,6%	ME MOSTRÓ UNA NOVIA
3%	OTRO

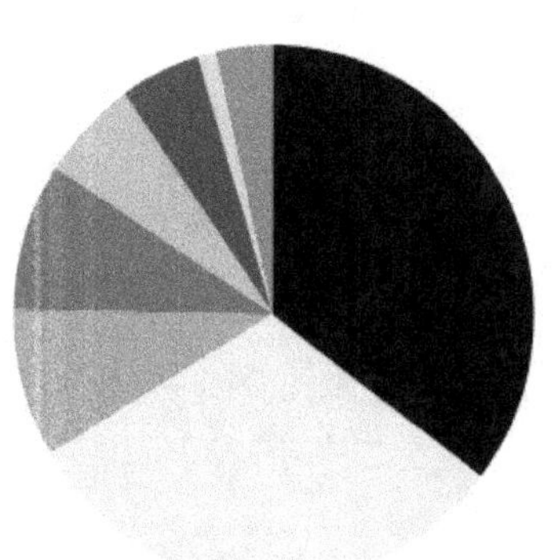

35,4% ■	VI ACCIDENTALMENTE
31%	YO MISMA BUSQUE
9%	VI EN LA ESCUELA
9%	ME MOSTRÓ UN/A AMIGO/A
6%	ME MOSTRÓ UN FAMILIAR
5%	ME MOSTRÓ UN NOVIO
1%	ME MOSTRÓ UN VECINO
3,6%	OTRO

¡GRACIAS POR HABER LEÍDO EL LIBRO!

Nuestro anhelo es que este libro sea una herramienta para poder combatir el virus de la pornografía en la vida personal de cada cristiano, y en la iglesia de Cristo.

Te invitamos a que puedas contarnos qué te pareció el libro *La verdad sobre la Pornografía.*

Mail del JEBA:
jeba@confeba.org.ar

Mail del autor:
gabrielbustosrp@gmail.com

Además, te recomendamos que puedas leer el libro **"El verdadero amor espera"** publicado por JEBA y CONFEBA.

SOBRE EL AUTOR...

Gabriel está casado con Lu, y juntos son padres de Nicole y Sebastián. Trabaja junto a su esposa en el ministerio juvenil desde el año 2000. Forma parte del equipo pastoral de *Iglesia Cristo Para Todos* en Don Orione (BA).

Fue Presidente de JEBA Sur, y es parte de la Mesa Directiva de JEBA Nacional desde el año 2011. A partir del año 2014 se desarrolla como Director en JEBA Nacional.

Licenciado en Relaciones Públicas.

Autor de libro **"El verdadero amor espera"** publicado en el 2017 por JEBA y CONFEBA.

Datos de contactos:
gabrielbustosrp@gmail.com
+549 11 67030884 (WhatsApp)

JUVENTUD EVANGELICA
BAUTISTA ARGENTINA

JEBA (Juventud Evangélica Bautista Argentina) es una entidad que depende de la CEB (Confederación Evangélica Bautista), y que desde hace más de 70 años viene desarrollando programas y actividades que tienen como fin último la extensión del Reino de Dios en la tierra.

Misión

Proveer a las iglesias herramientas transformadoras, para que puedan insertarse en su comunidad y compartan la fe con ella.

In uenciar a todos los testamentos de nuestra sociedad con el n de lograr una sociedad fundamentada en valores cristianos.

Visión

Transformar la Nación ejerciendo una profunda in uencia con el amor y el mensaje de Cristo en acciones concretas que contribuyan al fortalecimiento del Reino de Dios en nuestro país y en el mundo.

Qué hacemos

» Brindar herramientas para la transformación
» Apoyar los ministerios juveniles locales
» Capacitar líderes
» Fortalecer la unidad en los jóvenes

Nuestros programas

Otras actividades
» Congreso Nacional Juvenil
» Retiro Nacional de Líderes
» Campamento Nacional de Jóvenes

PORQUE
VERDADERAMENTE AMO...
ESPERO

EL
VERDADERO
AMOR ESPERA
ABSTINENCIA ANTES | PUREZA SIEMPRE

evae

JEBA

CONTACTE Y CONSEGUILO evae

jeba@confeba.org.ar   (011) 4864 2711 int. 108-109   www.jebaweb.org